「最強！」のニーチェ入門

幸福になる哲学

飲茶

河出書房新社

はじめに

こんにちは。

哲学の入門書ばかりを一〇年近くにわたり書き続けてきた哲学作家の飲茶（やむちゃ）と申します。

さて、本書は、表紙のとおり、いわゆる「ニーチェの哲学入門書」になりますが、こういったジャンルの本を書いてきた者として言わせていただきますと、ニーチェは、哲学入門書の題材において必ずウケる「鉄板」のネタであると言えます。

なぜ「鉄板」なのか？　それは、ニーチェが使っている哲学用語のインパクトがとても強く、みんなの目を引くからです。

だって、

「神は死んだ！」「奴隷道徳！」「力への意志！」「超人思想！」「永劫回帰！」

ですよ。どれもこれも、ニーチェをイケメンキャラにして必殺技の名前として叫ばせても成立するぐらい、語感的にもカッコ良い用語ばかりじゃないですか。しかも、それらはすべて、ただカッコ良いだけでなく、現代人の生き方指南や人生論に直結する内容でもあるのです。だからもう、それらの哲学用語をひとつひとつ順番に解説していけば、それだけで十分に中身のある（しかも売れ筋の）本が作れてしまうわけで、僕のような哲学作家にとってニーチェは本当にありがたい魅力的な題材だと言えるわけなのです。

しかし、一方でだからこそ、書くのがとても危険なネタだとも言えます。というのは、魅力的であるがゆえに、すでに数え切れないほどたくさんのニーチェ入門書が刊行されており、一歩間違えると、どこかで見たような同じ内容の本になってしまいがちだからです。いえ、「しまいがち」と言うよりは、どのニーチェ本でも「奴隷道徳」や「力への意志」などの有名ワードについては必ず説明しているわけですから、むしろ内容がかぶらない方が難しいとさえ言えるでしょう。

その意味では、ニーチェは、非常に、覚悟や勇気のいるネタだとも言えます。実際、僕も、今まで「鉄板」すぎて、ニーチェを真正面から扱った哲学入門書は避けてきました。

しかし、でも、だからこそ……。ここは、ひとつ、あえてニーチェの入門書を書いてみたらどうか！　それも、単に、従来的な哲学用語の解説だけにとどまらず、ニーチェが本当に届けたかったことがガツンとみんなの胸に突き刺さるような……！　読む人の人生を幸福に変えてしまうような……！　そんな「最強！」のニーチェの入門書を‼

とまあ、そんな感じのテンションで、あふれ出る「情熱」のまま書き上げたわけですが、本書は「カバーの女の子」と「先生」が対話する形式で進んでいき、まったく知識を持っていない人でもその「女の子」と一緒にゼロからニーチェの哲学を学んでいける内容となっています。一見すると、初心者向けのゆるい本に思えるかもしれませんが、その体裁を取りつつも、きちんとニーチェの核心が伝わる、「最強！」の名に恥じない本が書けたと自負しております。

本書を通してニーチェの哲学の面白さを、あなたに「伝える」ことができれば「幸い」です。

飲茶

目次
CONTENTS

第三章

道徳なんて弱者のたわごと？

ルサンチマン、奴隷道徳

第四章 Ⅳ

死にも未来にも意味はない？

超人、永劫回帰

第五章 V

それでも哲学を学べば生き方が変わる

大いなる正午、力への意志

本文イラスト――――はっとりみつる
本文デザイン・図版――阿部ともみ［ESSSand］

「最強！」のニーチェ入門

幸福になる哲学

第一章 I

哲学ってなに？

ニーチェの哲学で生き方が前向きになる？

哲学ってなんですか？　何の役に立つの？

先生、助けてください！　最近ずっと仕事で失敗ばかりなんです！　しかも、そのことを彼氏に相談したら「アキホの生き方には哲学がないからだよ」なんてイヤミまで言われて、「はあ〜？　なにそれ!?」って大喧嘩したんですが、でも悔しくて哲学の本を買ってみたらまったくのチンプンカンプン！　先生、哲学っていったい何なんですか？

あれ……、アキホちゃんって、そんなキャラだっけ……？（汗）。

とまあ、出だしだけ自己啓発本によく出てくる、頭の悪そうな生徒役の女の口調を真似てみたわけですが……。

だよね……。カバーのクールなイメージと違ったからビックリしたよ。てっきりカバーデザインの発注ミスかと……。

そういうメタなネタって基本サムいのでやめてください。たぶん、読者は出だしからガッカリです。

ひどい……そっちからふってきたのに。

それより早く哲学について教えてください。そのために飲茶先生、あなたがこの場に呼ばれたわけなんですから。

うん、不肖の身だけど精一杯つとめさせてもらうよ。それで、えっと、冒頭の発言はどこまでが本当なのかな？

え？　すべて本当ですよ。「仕事で失敗ばかりしてる」のも「彼氏にイヤミ言われて大喧嘩した」のも「哲学の本読んだけどチンプンカンプン」なのもすべて事実です。

そ、そうなんだ（中身は残念なのね）。それで、どんな哲学の本を読んだの？

ふっ、愚問ですね。もちろん、ニーチェの本です。哲学者と言えば、ニーチェ。ニーチェと言えば、哲学者。いまどき子供でも知ってる有名な哲学者じゃないですか。

子供はどうか知らないけど、たしかに有名だよね。

それに、書店の哲学コーナーに行ったら、だいたいニーチェ関連の本がズラッと並んでいますし。どうせ「ニーチェって売れ線の哲学者の名前つけとけば無知な素人が引っかかってそこそこ売れるだろう」という目論見のもと各社が出しているのだとは思いますが。

まあそれはそうだけ……いや、違うよ！　ニーチェがとても重要な哲学者だからだよ！　だから、どの出版社も出しているだけだよ！

保身に走る男はみっともないですね。ともかく、一番売れてるニーチェの本を読めば間違いないと思って一冊買ってみたわけです。

まあニーチェは、哲学の歴史の中でも特に重要な人物だし、その選択は間違いではないかも。ちなみに、他の哲学者は誰を知ってるの？

そうですね、たとえば、ソクラテス。あとは……ニーチェですね。

うん……、それだけ知っていれば十分かな（二人かよ）。

とにかく、読んでみたら、格言みたいなのがたくさん載っていて、「あ、いい言葉だな」と思ったページもいくつかあったのですが、次の日にはもう忘れてしまっていて……。結局、哲学って何なのかよくわかりませんでした。

たしかに、ニーチェはたくさん格言を残している。もちろん、それらはとてもいい言葉なんだけど、でも、そういう言葉だけ集めてみても、ニーチェがどういう哲学を述べた人なのか知ることはできないよね。よし、わかった。じゃあアキホちゃんには、ニーチェの哲学がどういうものなのか、僕が体系的にきちんと教えてあげるよ。

お手柔らかにお願いします。ちなみに、難しかったり退屈だったりしたら速攻で帰ります。そして、この本の出版社の社長に苦情をいれますからね。

こ、こちらこそお手柔らかに（なんかすごいプレッシャーかけてきた）。では、さっそく哲学とは何かって話なんだけど……。

ちょっと待ってください。その前に心構えとして、哲学が何の役に立つのか教えてください。

え？　どうして？

だって、「哲学を学ぶと、こういうことに役に立つんだよ」という話、つまり「哲学を学ぶことで得られるメリット」を聞いてからの方が、学ぶ側にも身が

入るじゃないですか。たとえば、嫌な上司を論破できる技が身につくとか。

うーん、なるほどね。でも、そういう意味で言ったら、哲学はあまり役には立たないかも。特別な技術が身につくわけではないし。

え……そうなんですか。メリットがないんですか……。あ、こんな時間ですね、私そろそろ家に……。

あ、待って待って！　でも、少なくとも「生き方は変わる」と思うよ。

生き方？　どんなふうにですか？

えっと。まず、いま自分が信じている常識が打ち砕かれ、「絶望」する。

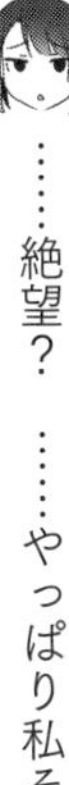

……絶望？　……やっぱり私そろそろ。

でも、その次に、「だからこそ常識にとらわれず自分の頭で考えて、積極的に前向きに生きていこう」、そう思えるようになる。

……!?

いろいろな哲学の中でも、特にニーチェの哲学を学ぶと、そういう「前向きな生き方」が身につくんだ。というか、そういう効果があるからこそ、ニーチェは歴史に埋もれず現代でも読み継がれているんだよ。

前向きな生き方……。それはとても興味がありますね。

あれ？　アキホちゃんは、もともと前向きな生き方をしてそうだけど……。

そんなことないです。さっき仕事が失敗ばかりだと言いましたが、実は、仕事に対して前向きになれなくて……。

そうだったんだ。

最近、毎日思うんです。私、この仕事本当に好きでやっているのかなって。なんとなく、ただ惰性でやってるだけの気がして。あと、彼氏も……。

うまくいってないの？

いえ、そうではないのですが。やっぱり同じ話で、本当に好きなのかなと……。結局、就職先も、恋愛相手も、手に入れていないときは欲しくて欲しくてたまらなかったのに、いざ手に入ると最初の喜びは、あっという間に消え去り、そして、次第に「本当に、この仕事、この人でよかったのかな」と考えはじめてしまうんです。

それはたしかにちょっと後ろ向きかもね。アキホちゃんって、意外にネガティブな性格なんだね。

そうですか？　こんな悩みなんて、いまどき誰でも持っていると思いますよ。就職、恋愛、結婚。誰だって「心からこれでいい」と思える最高のものに出会える人なんてそうそういません。ほとんどの人が「そこそこのもの、もしくはそれ以下のもの」に出会い、それに妥協しながら生きていると思います。

なるほどね。たしかに、そんなふうに思っていたら、仕事にも恋愛にも、前向きになれないよね。

でも、ニーチェの哲学を学べば前向きに生きられるようになるって、さっき言いましたよね？　それって本当なんですか？

うん、保証はできないけど、そうなれるよう一生懸命説明するよ。

お願いします！　もしも、そうならなかったら出版社に苦情を……。

メタなネタはもういいから！　少なくとも話は前向きに聞いてね！（汗）。

哲学は「白哲学」と「黒哲学」の二種類だけ

では、あらためて哲学とは何かって話なんだけど……。実は、哲学って大きく分けて二種類あるんだよ。

どんな二種類なんですか？

簡単に言うと、「白哲学」と「黒哲学」の二つ。

白と黒……!?　なんだか白魔術と黒魔術みたいですね。わかりやすいけど、いきなり胡散臭くなりました。

そ、そうかな？（汗）。一応、これは僕オリジナルの言い方で、本当は専門的には、白は「本質哲学」、黒は「実存哲学」という言い方をするんだよね。でも、イメージとしてわかりやすいかなと思って、あえて「白哲学」「黒哲学」という言い方をしてみたんだけど。

ほんしつ……？　じつぞん……？　やっぱり「白哲学」と「黒哲学」でお願いします。ニーチェはどっちの哲学なんですか？

黒哲学の方だね。

え、そうなんですか。ニーチェの格言ってポジティブなものが多いイメージだから、白の方だと思っていました。でも、黒の方がちょっと中二病っぽくてカッコいいかも……。

哲学とは「物質を超えたもの」を考える学問

ニーチェは、「黒哲学」つまりは「実存哲学」の方なんだけど……、まずは、「白哲学」の方から説明しようか。

なぜですか？

いわゆる哲学と言えば、白哲学の方だからさ。白哲学はスタンダードな哲学の王道なんだよ。

とすると、黒哲学のニーチェは邪道ということになりますが……。

そうだね（笑）。哲学者と言えばみんなニーチェを思い浮かべるくらい一般的にも有名だけど、実はニーチェは、哲学としては邪道な方なんだ。

邪道、カッコいい響き……、早くそっちを教えてほしいです。

まあまあ、邪道を理解するには、まずは王道を理解しないとね。

ちっ……。

（舌打ち⁉）コホン、では、まず王道の「白哲学（本質哲学）」の方だけど、そもそも哲学って英語でなんて言うか知ってる？

もちろん知りません。

即答だね。哲学は英語で「フィロソフィー」と言うんだ。

それは聞いたことありますね、たぶん。

「フィロソフィー」は、もともとはギリシャ語が語源なんだけど、フィロが「愛」で、ソフィーが「知」。ようは「知を愛する」という意味の言葉なんだ。

なるほど……「フィロソフィー」、「フィロ、ソフィー」、「愛、知」……!?　もしかして、愛知県となにか関係が……!?

ありません。

とにかく、哲学は「知を愛すること」なんですね。なんとなくわかりました……と思いましたが、やっぱりわかりません。「野球ってなんですか？」と聞いて、「運動を愛することです」と返ってきたみたいな。「哲学とは、知を愛することです」と言われても、「いや、だから結局なんなんですか！」となりますね。

そうだね。「哲学とは何か？」と言う問いに、「フィロソフィー」の語源をひもといて、「知を愛することだよ」という回答は結構メジャーなんだけど、漠然としすぎてピンとこないよね。では、別の言い方もみてみよう。実は、哲学は「メタフィジックス」とも言うんだよ。

それはまったく聞いたことありません。どういう意味ですか？

「メタ」は上位、「フィジックス」は物質的なもの、という意味なんだけど、ここでいう「物質的なもの」とは、リンゴとか石とか、まさに文字通り「物質的なもの」……まあ単純に言えば「モノ」のことだね。

じゃあ、「上位、モノ」……。つまりは、「モノの上」？

うん。もう少し言えば、**「モノを超えた存在」**かな。だから、哲学すなわち「メタフィジックス」とは、「モノを超えた存在について考える学問」だと思ってもらえばよいと思う。

まだピンときません。「モノを超えた存在」っていったい何なんですか？

たとえば「正義」ってモノじゃないよね。だから、正義とは「モノを超えた存在」だと言えるわけだけど、その「正義」について考える学問が哲学ってこと。

あ、なるほど。たしかに「正義について考える」って、すごく哲学っぽいですね。

そう。つまり、モノの性質や動きとか「物質的なもの」について考えるのが「科学」だとしたら、哲学とは「物質を超えたもの」、たとえば、「意味」とか「価値」とか「善」とか、「見たり触れたりできない物質じゃないもの」について考える学問なんだ。

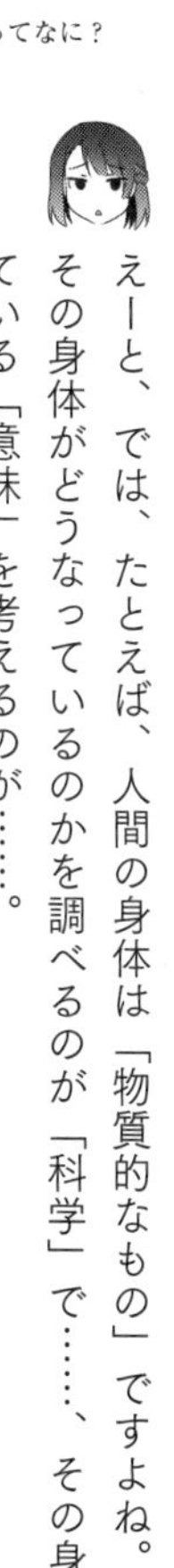

えーと、では、たとえば、人間の身体は「物質的なもの」ですよね。だから、その身体がどうなっているのかを調べるのが「科学」で……、その身体が生きている「意味」を考えるのが……。

そう！　哲学！　なぜなら、意味は「モノ」じゃなくて、見たり触れたりできない「モノを超えた存在」だから。

メタフィジックスとはモノを超えた存在

正義　意味

モノを超えた世界

（概念の世界）

美　愛

◆「物質以外のこと（観念／概念）」について考えたり、
新しい概念を生み出したりするのが「哲学（メタフィジックス）」

やっと、哲学とは何かがピンときました。今までなんとなく哲学って、「人生の意味とか、幸福とか、正義とか、そういう『現実にないもの』をモテなさそうなオッサンがゴニョゴニョ語ってるだけ」というイメージだったんですが、それが今きちんと言語化された感じです。

この業界の友達なくすから、その言い方やめて！

白哲学は「本質」を考える学問

さて、哲学についてわかったところで「白哲学」の話だけど、実は「白哲学」は、いま説明した哲学の定義どおりのものなんだ。

たしか、白哲学は「哲学の王道」と言ってましたね。

そう。で、白哲学は、正式には**「本質哲学」**っていうんだけど……。

本質？

うん。アキホちゃん、本質って、モノ？

本質は……モノではありませんね。見たり触れたりできませんから。

そう。白哲学、つまり「本質哲学」とは、物事の「本質」について考える学問という意味なんだけど、それって、そのまま、さっき説明した哲学の定義そのものだよね。

そうですね、「人生の本質とは何か？」とか「幸福の本質とは何か？」とか、それってつまり「モノを超えた存在」について考えるということですから……、まさに哲学ですよね。

ちなみに、この「本質」という言葉がわかりにくかったら、「意味」とか「価値」

とかの言葉に置き換えても大丈夫。

じゃあ、「私が生きている意味（本質）とは何か？」を問いかけるのは「白哲学」なんですね。そう聞くと、白哲学にも興味がわいてきました。

それはよかった。

では、さっそく、私が生きている「意味」を教えてもらいましょうか。

（なぜに上から目線……）うーん、アキホちゃんが生きている「意味」ね……。できれば教えてあげたいところだけど、ちょっと難しいかな。というのは、ニーチェの哲学、黒哲学の方だけど、そっちは物事に「意味」とか「本質」とかは「ない」っていう主張をしているんだよ。

え？　待ってください。それって「私が生きている意味はない」ということですか？

そういうこと……待って！　グーでは殴らないで！

なんてひどいことを言うんですか。ニーチェって嫌なやつだったんですか？

いやいや、そうじゃないよ。むしろ、僕たちの心を解放してくれるいいやつだと言うこともできるよ。

「実存」は現実存在の略である

まあまあ、もう少し黒哲学の方について説明してみよう。さっきも話したけど、黒哲学は、正式には**「実存哲学」**と言うんだ。

あ、いま思い出しました。他のニーチェ関連の本も一応読んでみたのですが、

「実存がー、じつぞんがー」という話がいっぱい出てきて……、でも結局、実存が何なのかイマイチよくわからなくて……。正直その辺でギブアップしました。

たしかにね（笑）。「実存」って哲学の世界ではメジャーなキーワードだから哲学入門書とかでもよく出てくるんだけど、「実存とは、世界に放り込まれた人間の主体的なあり方のことである」とかけっこう難しい書き方をしてる本も多いんだよね。

そもそも、言葉からしてピンときません。「掃除機」は、掃除する機械だから「掃除、機」です。これはとてもピンときます。でも、「実存」は、「実」が何なのか、「存」が何なのか、まったくわかりません。この二文字の漢字から何のイメージもわいてきません。なのに、哲学入門書では、どんどん「実存」という言葉を当たり前のように使ってきて、ウンザリした記憶があります。

わかったわかった、じゃあ「実存」についてピンとくるまできちんと説明するよ。まずそもそも、実存っていうのは、略称なんだ。もともとは、「現実存在」って言葉だったんだよ。

え、略称だったんですか⁉

そう。それを日本の哲学者の九鬼（くき）周造が短縮。「現実」の実に、「存在」の存、そこをとって「実存」という言葉になったんだ。

はぁ。なんか変なところで短縮しましたね。浜田省吾なら、普通、「浜省（ハマショー）」と短縮しますよね。それを「田省（タショー）」と短縮するなんてセンスがないです。

え、いや、でも、「現存」って短縮したら、別の意味になるし……。

まあ、とにかく、空条承太郎が「条承（じょうじょう）」と続くから、「ジョジョ」というあだ名になったみたいな話ですね。で、その「現実存在」とは何なんですか？

それはそのままの意味だよ。「現実の存在」。

は？　実存って、単に「現実の存在」を、ただカッコ良く、業界人っぽく言っただけなんですか！

そうだよ。もちろん、そこから膨らませて、いろいろな意味を持たせて、いろんな文脈で使っているから、わかりにくい言葉になってるけど、もともとの意味は単に「現実の存在」ってだけなんだ。

現実の存在を、実存ってただカッコつけて言ってるだけ……。寿司を、シースーって、ただカッコつけて言ってるだけ……。テレビマンが身内だけに通じる業界用語でカッコつけて言ってるだけ……。

な、なんかショックが大きかったようね……。でも、とりあえず、「実存」という難しそうな言葉への拒否反応がなくなってくれたら嬉しいな。

黒哲学（実存哲学）は反逆の学問

ふぅ。落ち着きました。実存が「現実存在」の略称だということはわかりました。でも、なぜ「黒哲学」は、「現実の存在」なんて当たり前の言葉を、わざわざ短縮してまで使っているんですか？

ここで、さっきの白哲学の理解が活きてくる。さっき、哲学の王道である「白哲学（本質哲学）」は、「物事の本質について考える学問」だって説明したけど、「黒哲学（実存哲学）」は、この白哲学のやり方を批判したくて「実存」という用語を持ち出したんだ。

批判？　どういうことですか？

あてこすりでケンカを売ったと言えばわかりやすいかな。ほら、本質って「現実の存在」ではないよね？

だから、つまり、黒哲学は、「白哲学」すなわち「既存の哲学者たち」に、こうケンカを売ったんだ。


「今までの哲学者の連中って、本質とか、意味とか、『非現実的な存在』のことばっかり考えてきたよな（笑）。

そういうのって不毛だし、もうやめよーぜ！

これからの哲学は、ちゃんと地に足をつけて『現実の存在』に目を向けて考えていくべきだと思うんだ。

というわけで、これからは『現実存在』、『実・存』だよ『実・存』（笑）」

すごい上から目線ですね。

でも、これはものすごい挑戦だったんだよ。だって、白哲学は、二千年以上も歴史のある王道の学問だったんだから。それを批判するのはとても勇気のいることだったろうね。現代で言い換えれば、大学の権威ある教授陣を全員敵に回して、まったく真逆の旗を立てて新しい学問を作るようなイメージだ。

なるほど、白哲学に反旗をひるがえした黒哲学という構図なんですね。で、ニーチェは黒哲学者だと。

そう、ニーチェは、二千年もの歴史のある哲学を真っ向から否定し、新しい形の哲学の流れを生み出した。だから、ニーチェは、偉人として歴史に名を残しているんだよ。

人生に「意味」がない、という話にはまだ納得できていません。が、ニーチェがわたし好みのひねくれ……いえ、反骨精神の持ち主だったということは理解できました。ニーチェの哲学、もう少し詳しく教えてください。

★ 哲学とは、大きく分けて**「白哲学」**と**「黒哲学」**の二種類がある。

★ **「白哲学（本質哲学）」**とは、物事の**「本質」**について考える学問である。

★ **「黒哲学（実存哲学）」**とは、**「現実存在（実存）」**について考える学問である。

★ 黒哲学（実存哲学）は、**「本質についてばかり考える既存の哲学（白哲学）」**を批判するために生み出された反逆の学問である。

II 第二章

人生に意味はないってホント？

背後世界、ニヒリズム、末人

あなたが生きている意味ってある？

前回は、ニーチェの哲学が「実存哲学」と呼ばれていて、実存とは「現実存在」の略称だと習いました。

そう。で、実存哲学とは、

「見たり触れたりできない『意味』とか『本質』とかにこだわるのはもうやめて『現実の存在（＝実存）』にもっと目を向けよう」

という学問であることもわかったよね。

そして、もうひとつ言っていたのが、人生に「意味」がないという話でした。
でも、これって本当のことなのでしょうか？

実際のところ、アキホちゃんはどう思う？　「自分の人生に意味がある」と思う？

ふっ、愚問ですね。もちろんあるに決まってますよ。

え？　本当にそう思っている？　本当の本当に？　アキホちゃんの人生って本当に意味があるの？

どうやら先生は、意味なく人生を終わらせたいようですね……。

待って待って、だからグーはやめて！　意地悪で聞いてるわけじゃなくてね、真剣に、一人の人間として、アキホちゃんの本当の気持ちを聞かせてほしいんだ。

本当の気持ちですか……。そうですね……。本当に正直に言うと「意味はないんだろうな」と思ってますよ。

あ、そうなんだ。

はい。私の姉なら「意味はある」と答えるかもしれませんが、私は、そんなに能天気な性格ではありませんから。そもそも、世界中を見わたせば、飢えや戦争など理不尽なことで無意味に人が死んでいたりしますし。

そうだね。そういう「現実」を考えたら、「誰の、どんな人生にも、必ず意味がある」なんてなかなか言えないよね。

もちろん、私の人生に意味はあって「ほしい」とは思いますし、面と向かって「意味はない」と言われたらショックを受けます。でも、心のどこかでは、「自分はそんなに特別な人間ではないのだろうな」という思いも強くあります。

うん、それは妥当な感覚だと思うよ。僕たちは、漫画やドラマの主人公じゃない。どんなにツライ出来事でも実は物語を盛り上げるための伏線で、それにはこんな「意味」がありました……、なんてご都合主義的なことは起きたりはしない。人間は、そんな夢のような存在じゃなく「現実の存在」なんだ。

人間は「現実の存在」……つまり「実存」ですね。

そう。もしかしたら、「人間は幸せになるために生まれてきたんだよ、それが生きる意味だよ」という人もいるかもしれないけど、でも、そう言った人が、次の瞬間に、急に脳の血管が切れて「無意味」に死ぬことだってあるし、帰り道に交通事故で「不条理」に死ぬことだってある。

私に「現実」を突きつけた先生が、闇夜の晩に後ろから殴られて「無惨」に死ぬことだってありますよね。

怖いこと言うのやめて！

「背後世界」でわかる不幸の構図

でも、そういう話を聞くと、「現実」を見ない方が生きやすそうな気がしてきました。だとすると、白哲学（本質哲学）を学んだ方がよいのでしょうか？

いやいや、白哲学のように「本質がある」「意味がある」という前提で物事を考えることが必ずしもよいこととは限らないよ。

どうしてですか？

だって、「本当は意味がない」のに「ある」と思い込んでしまったら大変なことにならないかい？　たとえば、アキホちゃんが、自分の人生をこう思い込んでいたとしよう。「私には運命の恋人がいる。その人と二〇代のうちに出会って、結婚して子供を作って温かい家庭を作って幸福に生きる。それが私が生まれてきた意味だ」と。

先生は超能力者ですか？　まさにそういう人生を夢見てきましたが……。ちなみに、そこに「仕事もバリバリやってデキる女として周囲から尊敬される」というのも入れれば完璧ですね。

でも、それって社会から与えられた「意味」じゃないかな？　テレビとか、ドラマとか。もしくは、親とか、他人とか。「こういうものがよいものだ」「こういうものを目指すべきだ」「それがキミの人生の意味なんだ」と周囲からいつの間にか押し付けられた「意味」だったりするんじゃないかな？

まあ言われてみれば、たしかにベタでありがちな夢だとは自分でも思いますが……。

うん。で、そんな外から与えられた「ありもしない意味」を自分自身に設定して信じ込んで、それが達成できなかったとき……、ものすごく失望したり、不幸だと感じたりしないかな。

ふふふ……。

アキホちゃん？

メッチャ失望しています！　不幸だと感じています！　学生時代には、そこそこデキる側だったのに、社会人になったら全然仕事うまくいかないし、思ったよりお金ももらえないし、いい男はたいてい彼女いるか結婚してるし！

ほら、外から与えられた「意味」で自分の人生を評価するとそうなっちゃうよね。それって、他人から押し付けられた「本来存在しなかったハードル」をわざわざ置いて、「跳べない跳べない、ああ自分は不幸だ」と思い込むみたいな話だよ。「人生に意味がある」「私が生きている意味はこれなんだ」と思うことは、必ずしも幸福にはならない、むしろ「余計な不幸」をしょい込むことにつながるんだ。

じゃあ、私が今感じてる不幸や、人生への失望は、余計なもので思い込みに過ぎないということですか。

現実世界と背後世界

うん。だって、「人生に意味がない」とか「見たり触れたりできない本質的なものなんか、実はこの世に存在しないんだ」とか、そういうふうに考えていたら、きっと今感じているような失望はなかったと思うよ。ちなみに、ニーチェは、そういう「ありもしない意味を求めて、失望する人間の構図」を**「背後世界」**という言葉を使って説明している。

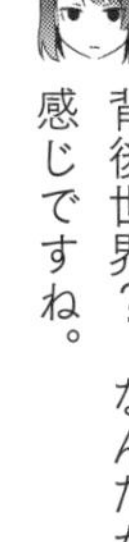

背後世界？　なんだか背後霊みたいな感じですね。

あ、それに近いかも。図を見た方が早いかな。まず、「見たり触れたりできるモノの世界（現実世界）」があって、その後ろに「見たり触れたりできない本質的なものが存在する世界（背後世界）」が重なっているみたいなイメージ。

男女が抱き合っていますね。二人は当然、物質だから「現実世界」の存在ですよね。で、その背後の世界に「真実の愛」とか「運命の恋人」とか、目に見えないものが存在している……。

うん。ここで、本当に存在しているのは「現実世界」のものだけだよね。「背後世界」にある「真実の愛」や「運命の恋人」は、この二人が勝手に「ある」と思い込んでいるだけ。

え？　「真実の愛」とか「運命の恋人」とかって本当にあるんじゃないですか？

「あったらいいな」と思う気持ちはよくわかるけど、実際には「ない」と思うよ。だって、世の中には、恋愛しないで結婚する国もあれば、一夫多妻制の国もある。つまり、色々な文化や価値観の国がたくさんあるわけだよね。そう考えると、結局、僕たちがよく思い浮かべている「運命の赤い糸で結ばれた相手が一人だけいる」みたいな考え方なんて、ただのローカルルールにすぎないんじゃないかな。

そうあっさり否定されると、ちょっと引っかかりますが、まあ言いたいことはわかります。いまどきは、ニュースやスマホで、いろいろな国の情報がいっぱい入ってきますし。そうすると、背後世界にある「真実の愛」とか「運命の恋人」というのは……。

たまたま僕たちが今住んでいる社会から与えられた「価値観」のひとつにすぎない。ようは、外部から勝手に押し付けられた「意味」だね。そんな「誰かに勝手に決められた、ありもしない意味付け」を、疑いもせずに「ある」と思って生きていたら大変だと思うよ。

そうですか？　あると信じてる方が幸せそうな気もしますが。

結果として「幸せ」ならいいさ。それならなんの文句もない。でも、現に、不幸や生きづらさを感じているとしたら、まずは、この「外から勝手に押し付けられた背後世界（ありもしない空想上の世界）を信じ込んで振り回されていないかどうか」を疑うべきなんだ。ちょっと、こんな図をみてほしい（五七ページ）。

女の人ですね。背後世界には、なんかありがちな「価値観」……、というか、現に私が持っている「価値観」が漂っていますね。

うん、この女の人を自分だと想像してみて。

はい。しました。

で、これらの価値観がひとつも達成できずに、三〇代が終わったと想像してみて。

ちょっ……ゾッとするようなこと想像させないでください！

なんで？　こんな価値観、たまたま今の時代の社会、すなわち外部から押し付けら

外部から押し付けられた価値観。それが背後世界

スマートな体型を維持するのが善い

20代のうちに誠実な男性と恋愛し結婚するのが善い

20～30代のうちに子供を産むのが善い

やりがいのある仕事に就くのが善い

あるOLが背負っている価値観

社会的価値観（＝背後世界）に縛られる

りする。

れたものだよ。つまり、本来存在しないもの。それなのに、これを「生きる意味だ、人間のあるべき姿だ」なんて、疑問もなく受け取るからゾッとしたり、不幸を感じた

言われてみればたしかに、「早くこれらを達成しなくてはならない、そうしないと惨めになる」という焦りがあります。そして、そういう背後からくるプレッシャーに追い立てられて生きているような気がします。

じゃあ、ここで別の図を見てほしい。

鶏ですね。背後にあるのは……「たくさんタマゴを産むことが善い」「太るのが善い」とか……養鶏場の「価値観」ですかね。

そう。この図の「背後世界」に書かれているものは、本来、鶏という「現実の存在（実存）」にはまったく関係のない、養鶏場という外部から与えられた「価値観（非現実の存在）」だよね。それなのに、もしこの鶏が「ああ、これが鶏の本質なんだ、生

背後世界と現実の存在とは、本来関係がない

- たくさんタマゴを産むことが善い
- 動けないぐらい太るのが善い
- 鳴かずに静かに生きるのが善い

きる意味なんだ」と真に受けていたとしたら……、そして、その価値観に適合していないことに、この鶏が「失望」や「不幸」を感じていたとしたら……。

それは絶対おかしいですね。そんなものは、養鶏場という社会の都合で勝手に押し付けられたもので、現実の鶏にはまったく関係ないことですよね。

そのとおり。じゃあ、その視点で、ひとつ前の図、アキホちゃんの「背後世界」をもう一度みてみようよ。

あ……！　そうですね。私が思い込んでいた「背後世界」も、養鶏場の鶏と

同じ話ですよね。そう考えると、なんだか、今の自分の悩みが急にバカバカしくなってきました。

うん。たとえば、世の中には、こんな「背後世界」を背負って生きている人たちがたくさんいる。

「どんなクレームにもニコヤカに対応するのが社会人としてよいことだ」
「何があろうと納期をちゃんと守るのが社会人として立派なことだ」

こうしたことを信じ込んで、心が病むほど追い詰められてる人たちがいるわけだけど、でも、それって「外から与えられた、ありもしない意味付け」にすぎなくて、それを信じ込んでいるから不幸になっているだけなんだよね。

あ……、私もよく「ああ、自分は社会人として失格だ」って落ち込んだりするのですが、なるほど、それも同じ構図なんですね。

そう。「社会人とはこういうものだ」「女とはこういうものだ」「男とはこういうものだ」「侍とはこういうものだ」とか、「○○とは本質的にこういうものなんだ」といった話は、全部、その時代、その地域でどっかの誰かが勝手に考えた「架空の存在」にすぎないんだ。でも人間は、「現実の存在」、すなわち「実存」なんだから、そんな「見たり触れたりできない、ありもしないもの」に縛られて、自分自身を惨めに思う必要なんてないんだよ。

人生に意味がないとニヒリズムになる

アキホちゃん、どうかな？　ニーチェの言う「背後世界」という用語を使った考え方がわかってきたかな？

はい。「背後世界」、つまり社会から押し付けられた常識とか価値観なんて、ただの空想上のもの。私たち人間は、「現実の存在」、つまり「実存」なんだから、

それを自分に当てはめて落ち込んだりする必要なんてないということですね。その話を聞いて、なんだか心が軽くなりました。

それはよかった。

では、これからは、「社会から与えられた人生の意味」なんかぜんぶ無視します。人生に意味なんかありません。私は、今後、そんな心持ちで生きていこうと思います。

いや、それだとダメなんだ。

は!? さんざん「人生に意味なんかない」という話を聞かされて、やっとの思いで受け入れることができたのに、「それだとダメ」ってどういうことですか!

「人生に意味はない」「社会から押し付けられた意味付けなんか無視してしまえ」と

いう考え方自体はいいんだけど、でも「それだけ」だと、「人間はニヒリズムに陥って、生の高揚（こうよう）を失ってしまう」とニーチェは言っているんだ。

ニヒリズム？　生の高揚？

ニヒリズムは日本語で言うと「虚無主義」だね。ようは「そんなことしたって、虚（むな）しいだけだろ」とニヒルにかまえる感じね。生の高揚は、単純に「人生の充実感」と言い換えるとわかりやすいと思う。

そうすると……「人生に意味はない」と考えるだけだと、人間は、虚しくなって、人生の充実感を失ってしまうという意味合いになりますか。

そのとおり。というか、まさにその言葉のとおりで、よくよく考えれば当たり前の話だよね。「人生に意味がない」という考え方は、今まで縛られてきた意味付けからの解放につながるから最初は心地よいかもしれないけど、でも、それを突き詰めたら「じゃあ、何のために生きているの？」って話になるよね。

たしかに。「人生に意味がない」、それが本当だとしたら何をしても虚しくなりそうです。

うん、そうだよね。で、ニーチェは、「虚しくなった結果、人間は『末人（まつじん）』になる」と言っている。

末人？　また新しい用語ですね。

うん、末人とは、簡単に言うと、

「なんの目標も夢もなく、トラブルを避けて、ひたすら時間を潰すだけの人生を送る人間」

という感じの意味合いかな。

あれ……、なんだかそれ……わたしの彼氏に似てますね……。

え、そうなんだ。そんな感じの人なの？

はい。彼は、特に何の目標もなくただ生活のためだけに仕事をしていて、上司や客に怒られたくないからと夜遅くまで残業しています。そして、暇があればスマホでポチポチやるだけのゲームをして毎日を過ごしているのですが……。あ、でも、今どきこういう人って結構いますよね。

そうだね。まさにニーチェは、近い未来に、そういう感じの人たちが大量に現れることを予言したんだ。

え？　そうなんですか？　ニーチェって結構昔の人ですよね？　スマホもなかった時代の人ですよね？

スマホどころか、一〇〇年以上前の人だよ。まだ飛行機だって飛んでいない。そんな昔にもかかわらず、「忙しく働いて、暇を潰すだけの人間」、すなわち「末人」が現れるだろうことをニーチェは予言していたんだ。ちょっとここで、ニーチェがどのように考えたか整理してみよう。

(1) 昔は「人生に意味がある」と、みんなが信じて生きてきた。
←(2) しかし、時代が進むにつれて「人生に意味がないことを知る」。

←(3) 意味がないのだから、すべてが虚しくなり、人生の充実感や情熱を失う。

←(4) すると、毎日忙しく働いてひたすら暇を潰して生きるだけの人間（末人）が増えていく。


とまあ、だいたい、こんな論理展開をしたわけだ。

昔って、「人生に意味がある」とみんな信じていたんですか？

うん。昔、特にヨーロッパの方だと、キリスト教がとても権威があったからね。その影響で宗教が強く信じられている時代があったんだよ。そういう時代だと、当然、人生には「意味」がある。だって、神さまがいるからね。

なぜ神さまがいるとそうなるんですか？

そりゃあそうだよ。だって、神さまが人間を作ったわけだから、当然、「人間が作られた意味」があることになる。うーんと、つまり、仮にアキホちゃんが、土をこねて焼いてお皿を作ったとしよう。そうすると、皿にとって神さま（創造主）はアキホちゃんになるよね。

まあそうなりますね。

そうすると、皿が作られた意味は当然あるよね。

それはそうですね。普通に考えたら、何の意味もなくモノを作る、なんてことしませんから。もし、私が皿を作ったとしたら、それはたぶん「食べ物を乗せよう」と思って作ったわけで……その場合、皿が存在する意味は、「食べ物を乗せるため」ということになります。

そういうこと。で、そんな感じで、昔の人たちは、「神さまが人間を作った。だから、人間には何らかの生きている意味がある」というふうに素朴に信じられたんだ。そして、その意味を知りたい人は、聖書を読んだり、牧師さまとか神父さまとか宗教家に聞けばよかった。

そんな時代があったなんて、今ではぜんぜんピンとこないですね。少なくとも、私のまわりにはそこまで宗教を信じている人っていないです。

そうだね、なにせ「神は死んだ」わけだから。

!? その言葉、聞いたことがあります、なんかニーチェの名言的なやつ！

そうだね。言葉のインパクトから、ニーチェの言葉の中でも一番有名なやつだよね。
ちなみに、この言葉の元ネタは、ニーチェが書いた哲学書の次の一節から来ている。

「神は死んだ。神は死んだままだ。そして我々が神を殺したのだ」

我々？　それってつまり人間が神を殺したということですか？

神は死んだ、絶対的な価値は必ず壊れる

うん。結局さ、時代が進むと、いろんなことが明るみになっていくわけじゃない。科学が進歩すれば、どんどん不思議なことを解明されていくし、化石が見つかればどうも神さまがいきなり生物を作ったわけじゃないこともわかっていく。他には、宗教戦争とか、宗教家同士のしょーもない派閥争いとか、歴史が積み重なれば重なるほど、

聖職者の失態もわかってくるよね。そういうのが、どんどん知られていくと、遅かれ早かれ、みんな信仰心を失っていく。だから「神さまは人間が殺した」、つまり、「神さまを信じられなくした」のは他でもない、僕たち人間の仕業なんだ。

まあたしかに、いまさら宗教家の人が出てきて、「神さまを信じなさい」と言ってもなかなか信じられないですよね。むしろ、うさんくさいとか、怖いとか思っちゃいそうです。

そうだよね。で、ともかく、「神は死んだ（神が信じられなくなった）」わけだけど、この言葉を通してニーチェが言いたかったことは、ようするに、「人間に生きる意味を与えるような絶対的な価値観は、遅かれ早かれ、いつか壊れるよ」ということ。それは宗教しかり、恋愛しかり、仕事しかり。

宗教はともかく、恋愛も、仕事もですか？

だって、ほら、実際の経験を思い起こしてみてよ。恋愛でも仕事でも、何事も最初は新鮮だから、「これが自分の生きる意味だ！　頑張ろう！」とか「こんな素晴らしいものがあるなんて！　これを大切にずっと生きていこう！」とか、そんなふうに思ったりもするけど……でも、時間がたつと、だんだんと退屈になり、いつかは「絶対的な価値ではなくなる瞬間がくる」よね。

あ、それわかります。私も、仕事をはじめるとき、「頑張ろう！」と思いましたが、どんどん退屈な日常になっていきました。

それで、そうなったとき、どうするかな。もう、やっていることに「意味」とか「絶対的な価値」は感じられない……。でもやめるわけにもいかないよね。そうなったらもう、トラブルを避けて、まるで時間を潰すように、それをやり続けるしかない。もちろん、そんな人生に「生の高揚（充実感）」なんてあるわけがない。こうして人間は「末人」になっていく。

うわ。さっきのニーチェの思考の過程が、そのまま現代人に当てはまるように思えてきました。

（1）「仕事こそ生きがいだ」「恋愛は素晴らしい」と信じられる時期があった。

（2）←しかし、時間が進むにつれて退屈になり「それらにたいした意味がないことを知る」。

（3）←意味がないのだから、すべてが虚しくなり、人生の充実感や情熱を失う。

（4）←毎日忙しく働いてひたすら暇を潰して生きるだけの人間（末人）になる。

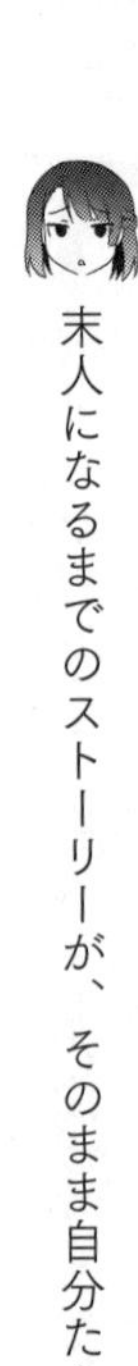

末人になるまでのストーリーが、そのまま自分たちの人生に当てはまります。

結局、ニーチェとか黒哲学（実存哲学）が主張しているのは、「目に見えない価値観（宗教、仕事、恋愛の素晴らしさ）」は遅かれ早かれいつか壊れるものなんだということ。そして、その結果、人は、虚しくなって時間を潰すだけの人生になりがちということ。

では、どうすればいいんですか！

うん、そこはじっくりニーチェの哲学を学ぶ過程で話していくよ。

わかりました。よろしくお願いします！　とりあえず、末人の彼氏とは別れます！

マジで!?

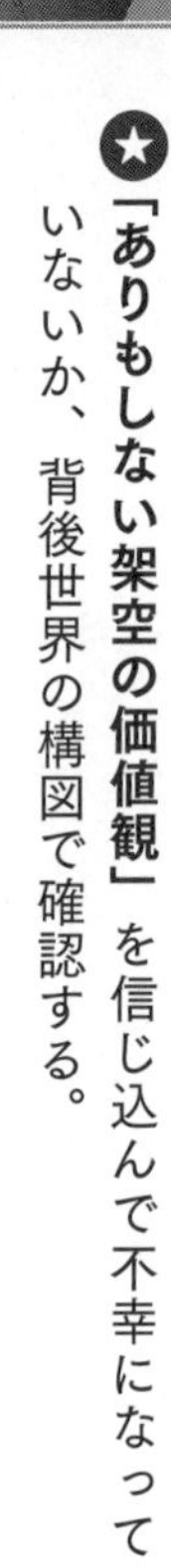

★ **「ありもしない架空の価値観」**を信じ込んで不幸になっていないか、背後世界の構図で確認する。

★ 人間は実存（現実の存在）であり、生まれながらの**「生きる意味」**など持っていないが、すべてに意味（価値）がないとしてしまうと、人間は**「ニヒリズム**（虚無主義）**」**に陥って**「生の高揚**（充実感）**」**を失ってしまう。

★ ニーチェは、現代において**「末人**（忙しく働いて暇を潰すだけの人間）**」**が現れるだろうことを予言した。

★ 神は死んだ。宗教、恋愛、仕事、人生の支えになるあらゆる絶対的な価値観は、遅かれ早かれ、いつか必ず壊れる。

ルサンチマン、奴隷道徳

道徳なんて弱者のたわごと？

ルサンチマン（嫉妬）が生み出した道徳

はぁ～（溜息）。

あれ？　どうしたの、アキホちゃん。元気ないね。

実は、末人の彼氏と別れまして……。

え⁉　ほんとに別れたんだ！　えっと、やっぱり末人だったから？

いえ、その……、わたし、二股されてたんです。

そうだったんだ。別れた原因はそれなのね。

はい。本当にひどい話ですよね。浮気とか、二股とか、人間として本当に最低

な行為です。

うーん、それはどうかな？

は？　まさかと思いますが、先生……それらを肯定するのですか？

待って待って、だからグーはやめて！　いや、でもさ、複数の人とお付き合いしてもＯＫって文化の国だってあるわけじゃない。必ずしも「最低、最悪、人間として間違っている」と断言はできないんじゃないの？　それにそもそもアキホちゃん自身はどうなの？　そういうことしたいとは思わないの？

浮気をですか？　絶対したくないですよ！　そんなことしたら、あとで後悔しそうだし、何より相手に悪いと思います。

でも、それなら、後悔しなさそうで、恋人が許容さえしていれば「浮気はＯＫ」ってことにならないかな？　アキホちゃんは、「イケメン逆ハーレム」とか興味ないの？

はあ？　先生、いきなり何を言い出すんですか⁉

いやいや意地悪で聞いてるわけじゃなくてね、真剣に、アキホちゃんの本当の気持ちを聞かせてほしいんだ。

その聞き方すれば何でも許されると思ってませんか？（怒）。そんなのまったく興味ありません！

それ本当？　複数の魅力的な異性からチヤホヤされたいというのは、普通に自然な気持ちだと思うんだけど。そもそも、アキホちゃんは何を根拠に「そんなことは人間として最低のことだ」と非難してるの？

それは道徳的におかしいからですよ！　というか、先生、さっきからなぜそんなに「浮気」を擁護するんですか？　あ、まさか、先生も……。

いやいや、違う違う！　それはもちろん、ニーチェの哲学に関係しているから、そういう話をしてるだけだよ！

ニーチェが……浮気を擁護……？

いや、直接的に浮気を擁護してたわけじゃないけどね。でもほら、黒哲学（実存哲学）が、「目に見えない非現実なものに振り回されて生きるのはやめよう」という立場だったことを思い出してほしい。さっき、アキホちゃんは、浮気がいけないことの根拠として「道徳」を持ち出してきたけど、「道徳」って目に見える現実のものかな。

いえ……。道徳は、見たり触れたりできないものです。

でしょ。その分け方で言えば、「道徳」は背後世界にあるもの。たまたま、その時代、その文化でだけ通用する、誰かが勝手に生み出した空想上のローカルルールということになるよね。

でも、それでも、やっぱり人間には守るべき「道徳」があるんじゃないですか？

それはどうだろう。たしかに、常識的に言えばそうかもしれない。でも、「道徳なんて、実際はそんなに上等なものじゃない、むしろルサンチマンから生じた歪んだものだったんだ」とニーチェは批判しているんだ。

ルサンチマン？

哲学用語で「弱者が、強者に対してもつ嫉妬心・恨み」のことだね。

え、じゃあ、ニーチェは、道徳が「弱者の嫉妬心」から生じた悪いものだって言ってるわけですか⁉　「人生の意味」だけじゃなくて、「道徳」のことまで全否定⁉　ニーチェ、黒い……黒すぎます！

黒哲学だからね（笑）。

キリスト教が世界の価値を逆転させた

さてさて、僕たちが普段見たり触ったりしている、この世界はもちろん「現実の存在」だ。ここで、大前提として覚えておいてほしいのは、その「現実の存在」に意味なんかないということ。たとえば、水の入ったコップに塩を入れると、ナトリウムイオンとかに分かれて溶けていくけど、そのこと自体に「意味はない」し、「善悪もない」。誰かのために溶けるわけでもないし、溶けることが善いことでも悪いことでもない、ただ、「現実がそうなっている」というだけ。その観点で言えば、当然、世界の中に「道徳（これこれが善いことだ、悪いことだ）」なんてあるわけがない。

まあ、言わんとすることはわかりますが。

問題は「ではなぜ、僕たちが住む、この社会に道徳なるものが存在するのか？」だ。

あ、それ気になります。やっぱり人間全員に「良心」みたいなものがあって、その良心から「道徳」が生まれたとかですか？

そうだったら美しい話だけど、ニーチェは違うと言っている。ニーチェは『道徳の系譜』という本の中で、「よい」という言葉の語源をひもとき、そこからどうやって道徳が生まれたかを説明しているんだけど……、まあ、ドイツ語の「よい」の語源について話してもピンとこないだろうから、ざっくり絵で説明しよう。まず、この絵の人をみてほしい。どっちが「よい人」かな？

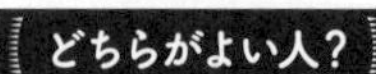

どちらかと言えば、下の人ですかね。付き合いたいのは上の人ですが。

どちらがよい車？

じゃあ、次はこっちの絵をみてほしい。どっちが、「よい車」かな？

それはもちろん、上の方ですよね。高くて速そうですし。買ってくれるんですか？

いや、そういう話じゃなくて！　ほら、何かおかしいことに気づかない？　車とか

「モノ」の場合、単純に「機能として優れているもの」を「よいものだ」と判断したのに、なぜか「人間」の場合には、その判断が逆になっていないかな？

あ、たしかに！

人間の場合、能力的に優れた人より「大人しくて弱そうで質素で素朴そうな人」の方が「よい人」に見えてしまう。それはなぜだろうか？　ニーチェは、「よい」という言葉の語源をひもとき、そのカラクリを暴くことに挑戦したんだ。その結果、実は、はるか古代の価値観では、強い人、優れた人が単純に「よい人」とされていたとニーチェは主張する。これについて、アキホちゃんはどう思う？

歴史的なことは私にはわかりませんが、でも、なんとなく、わかる気がします。だって、そんな昔だったら今みたく便利じゃないだろうから、「力が強い人」や「頭が良い人」が普通に重宝されて尊敬を集めていたと思います。

うん、そうだよね。実際そうであり、それが自然で当たり前の価値観なのだとニーチェは言っている。でも、あるときから、それがまったく逆転してしまったんだ。すなわち、「価値観の転倒（てんとう）」が起きたとニーチェは言う。

え？　世界中の価値観がひっくり返るような出来事があったというんですか？　さすがにそんなに影響力があるものがこの世に存在するとは考えにくいのですが。

いや、そういう存在がひとつだけあるよ。それは、「神さま」だ。もっとはっきり言えば、「宗教」だ。さらにもっとはっきり言えば、「キリスト教」だよ。

あ、なるほど。世界的な宗教だからたしかに影響力は世界レベルですよね。でも、先生、そんな特定の宗教のこと名指しであげていいんですか？

いや、ニーチェが言ってることだから！　ニーチェが言っていることだから！

二回言わなくていいです。

ユダヤ人の苦難の歴史

で、キリスト教がどうして価値観の逆転を引き起こしたのですか？

それを理解するには、まず、キリスト教の元になっているユダヤ教のことを理解しなくてはならない。この宗教を作ったユダヤ人は、とても不幸な歴史を歩んでるんだけど、事の起こりは、紀元前一五世紀頃、ヘブライという土地に住んでいたユダヤ人が、古代エジプトの軍隊に連れ去られるところから始まる。

紀元前一五世紀!?　かなり昔ですね。

うん。それで、古代エジプトに連れ去られたユダヤ人たちは、そこで約二〇〇年もの間、奴隷としての過酷で惨めな生活を強いられたんだ。その後、モーセが中心になって、六〇万人ものユダヤ人がエジプトからの逃亡に成功するんだけど……。

あ！　それって、海がパッカーンと二つに割れるやつですよね！　あれって、本当にあったことだったんですか⁉

海がパッカーンと割れたのが本当かどうかはわからないけど、そういう逃亡劇が実際にあったと言われているね。で、逃げた先でユダヤ人たちは自分たちの国を作るんだけど……再び別の国に滅ぼされ、奴隷として連れ去られてしまう。

ま、またですか⁉　かわいそう。そんな歴史があったんですね。

さて、そんな不遇な歴史を持つユダヤ人が作った宗教が「ユダヤ教」なんだけど、この宗教の神さまは、いわば「復讐（ふくしゅう）の神」という特徴を持っていた。

復讐？　なんだか穏やかじゃないですね。

うん。でも、迫害されている民族の心をひとつにするためには、仕方なかったんじゃないかな。「僕たちは神さまに選ばれた唯一の民族なんだ。いつか神さまがやって来て、僕たちを苦しめるやつらを皆殺しにしてくれる」、そういった都合のよい「復讐してくれる神さま」を信じ込まないとツラくてやってられなかったのかもしれない。

それはそうですけど、その神さまって、実際、助けに来るんですか？　なんていうか、それってつまり、さらわれて召使いにされた子供が、「僕は本当は大金持ちの子供でいつかお父さんが助けにやってきて、こき使ってる連中をやっつけてくれるんだ」と信じて我慢してるみたいな話じゃないですか。それで全然助けに来なかったら、そのうち、「助けに来るお父さんなんかいなかったんだ」って気づきそうなものですけど。

そう！　まさに、そこが問題だったんだよ。実際、待てど暮らせど、神さまはやって来ない。神に選ばれた民族であるはずのユダヤ人が、現に、ひどい目にあっているのに、神さまは何もしてくれなかった。普通だったら、「あれ？　もしかして、救いに来てくれる神さまなんていないんじゃないかな」と考えはじめるよね。だから、ユダヤ教の神さまは時代が進むと、どんどん変わっていくんだ。たとえば、ユダヤ教の聖典である『旧約聖書』をみても、最初の頃は、とても怒りっぽくて復讐する神さまだったけど、時代が新しいページになるにつれて、「神の名のもとに苦しみを受け入れましょう」という受苦の神さまに変わっていく。

苦しみを受け入れる？　どうしてですか？

だって、神さまが助けに来ないんだよ。でも、現実は苦痛の連続。そうしたらもう、「この苦しみには何か意味がある」と考えるしかないよね。

いや、そうかもしれませんけど、でもそれって、結局、「苦しむだけでやられっぱなし」ということじゃないですか。それはさすがに辛すぎのような気が。

いや、そのとおりだよ。だから、彼らは「現実世界での復讐」を諦めて、「空想上の世界での復讐」で憂さ晴らしをするようになったんだ。それはたとえば、こんなふうに。

「ああ、自分たちを迫害している人々は、なんて暴力的で醜い人間なのだろう。かわいそうに、きっと死後、天罰が下りますね（笑）。それに比べて自分たちは、なんて無害でつつましい人間なのだろう。きっと死後、神さまにほめられて天国に導かれますね（笑）」

うわ、そ、それって……、なんていうか……負け惜しみ？

まあ、はっきり言えば、そうだよね。さっきの召使いの子供でたとえるなら、さんざん「お父さんが助けに来てくれる」と言ってたのに、突然、

「僕を、こき使ってる人たちって、なんて強欲で怠惰な人間なんだろう。それに比べたら僕は、なんて無欲で従順な人間なんだろう。僕は、死後、天国のお父さんに褒められるけど、彼らは地獄行きだね（笑）」

と言い出すみたいな話だよね。

それはもう客観的に見たら「お父さんが来ない」という現実を受け入れたくな

いから、「無理やり設定を変更した」としか思えないですね。

ぶっちゃけ言ってしまえばそうなんだろうけど、まあ、ともかく、そんなユダヤ教の「受苦の教え（設定変更）」を引き継いで、キリスト教が誕生する。アキホちゃんは、キリスト教の教えってどんなのか知ってる？

詳しくは知りませんが、「汝、隣人を愛せよ」とかでしたっけ。博愛主義的な。

そうだね。他には、こんな教えもあるよね。

「上着を取ろうとする者には、下着も与えてやりなさい」
「右の頬を打たれたら、左の頬を向けてやりなさい」

あ、それ聞いたことあります。私なら、グーで殴り返しますが。

グーはどうかと思うけど、それはともかく、「嫌な事をされているのにもっと嫌なことをされなさい」というのは、少なくとも「自然な考え方」ではないよね。でも、こうした教えを持つキリスト教が、世界一の大国であるローマの国教として採用される。そして、一気にヨーロッパに浸透し、西洋社会の価値観を逆転させてしまったんだ。

では、私が、さっき大人しくて従順そうな人をみたら「よい人」と思えてしまったのも、その影響なんですか!

ニーチェに言わせたらそうだね。「狼っぽい人」が悪人に、「羊っぽい人」が善人に見えるとしたら、それは明らかにキリスト教の影響……、すなわち、人類史において誰かが勝手にあとから作り出した価値観の影響であり、アキホちゃんは自然本来の価値観にもとづいて物事を判断していないということになる。

「弱いが善い」という歪んだ価値観

そう聞くと、ちょっとショックですね。道徳的な考え方って、もともと人間にそなわっているものだと思っていたのですが。でも、ちょっと待ってください。

どうしたの？

その「嫌なことを進んで受け入れる人」を偉いとする道徳観が、仮に、迫害された民族が起源だったとしても、その道徳観でみんなが幸せに過ごせているなら別に問題ないんじゃないですか？　だって、ほら、隣人を愛したり、ぶたれても逆の頬をさしだすような人たちばかりの世の中になれば、戦争だって起きないじゃないですか。

そうかもしれない。でも、ニーチェは、そういう世の中だと「人間は本来の生を押し殺してしまう」と言っている。だってさ、考えてみてよ。本当にそんな人たちばかりだったら、それって本当に幸せな世界かな？

まあ、そう言われたら、なんか微妙な気もしますが。

ちなみに、そういった「嫌な目にあっても怒らずに受け入れることを美徳とするような道徳観」を、ニーチェは**「奴隷道徳」**と呼んでいる。

奴隷……道徳……ですか？

現代に奴隷はいないから、そうだね、「社畜道徳」と言えばわかりやすいかな。たとえば、ものすごく過酷な環境で働いている会社員がいたとするよね。普通だったら、そんな労働条件に文句をいうべきところを、ニコニコしながら受け入れて、「いやー、今月は一〇〇時間残業したよー」とまるで「よいこと」をしたかのように自慢する人たち。

うわ、まさに社畜ですね。

それっておかしくない？　会社から奴隷のような扱いをされているのに、従順に従っている弱い立場を「よいこと」として誇っている。そんな「社畜的な道徳（奴隷道徳）」を持った人たちばかりの世界をアキホちゃんは本当にいいと思うの？

いえ、さすがに思いません。

そういった、会社の奴隷であることを誇っている人たちって、まさにニーチェが言う「本来の生を押し殺している」状態じゃないかなあ。さて、ちょっとここで、一回、話を整理しておこう。ニーチェの主張はこうだ。

❖奴隷にされている弱い民族がいた。その民族は弱いため、強いものに復讐できなかった。そこでその弱い民族は、空想上で復讐を果たすため「強いのが悪い、弱いのが善い」という価値観を作り出し、この架空の価値観が宗教を通して世界に広まってしまった。これが道徳の起源である。

❖したがって、我々のいう道徳の正体とは、実は「奴隷（弱者）を善いとする歪んだ価値観」にもとづくものであり、「奴隷道徳」だと言うことができる。この道徳観は、「嫌なこと、惨めなことに文句を言わず受け入れる人が善い」という不自然なものであるため、道徳にとらわれている人間は、「人間本来の生き方」ができなくなってしまう。

「人間本来の生き方」ができない、ですか……。

うん、繰り返して言うけど、ニーチェの哲学（実存哲学）の要点は、「人間は『現実の存在』である。『見たり触れたりできない非現実のもの』に振り回されて生きるのはやめよう」だったよね。で、この非現実的なものの中には「社会から押し付けられた価値観」や「道徳」も入るわけだ。ここで大事なのは、ニーチェはなにも「道徳の起源が弱者

の負け惜しみだから、道徳なんて捨ててしまえ」と言っているのではなく、「道徳という『自然ではない架空の価値観』によってまっすぐに本来の人生を生きられないなら、それにとらわれるのはやめよう」と言っているということだ。ここを見誤ると、ニーチェが、単なる反道徳者で反社会的なことを言っているだけの人になってしまう。

「奴隷道徳」は時代遅れ？

というわけで、「奴隷道徳」はわかってもらえたかな？

はい。だいたいのところは把握しました。ただ少し微妙かなって思っています。

え!?

ニーチェの「奴隷道徳」って、「奴隷（弱者）であることを賛美する歪んだ道徳観を持った人たちがいる」という話が前提になっていると思いますが、実際に、そんな人っているんでしょうか？　いないとは言いませんが、ごく一部の少数の話ではないですか？

うわ、奴隷道徳の話って、ニーチェの入門書では冒頭に出てくるぐらい、鉄板のネタなんだけど、それを「そんなやついねーよ、いても少数だろ」とツッコむ人、はじめてみたよ！

ええ。ニーチェだろうとなんだろうと私は容赦しません。先生は、さっき、奴隷を「社畜」でたとえてましたよね。そういう人って、たしかに昔はたくさんいたかもしれません。でも、今どき「長時間労働」や「休日出勤」を心から美徳として受け入れている人なんていないと思いますよ。

まあ、それはたしかにそうだね。ひと昔前だったら、「二四時間戦えますか？」というキャッチフレーズの栄養ドリンクが、テレビＣＭで当たり前のように宣伝されてたりしたけど、今は表立ってそういうことを言う人は、ほとんどいなくなったよね。

ええ、そうです。そうすると、ニーチェの奴隷道徳は「時代遅れ」ということにならないですか？

いやいや、今どきの人たちも、原理的には、やはり「奴隷道徳的なもの」にとらわれていると僕は思うんだ。ここからはニーチェではなく、僕オリジナルの考えになっちゃうんだけど、今の人々は、「奴隷道徳」から少し形を変えた「道化(どうけ)道徳」にとらわれているように思う。

道化道徳？　なんだか言いにくいですね。

芸人道徳とか、自虐(じぎゃく)道徳でもいいかな。つまり、自分の境遇の悪さを「ネタ的な笑い」にすることで「それをよし」としてしまう考え方のことだよ。たとえば、残業が月一〇〇時間を超えてるとしてさ、その惨めさを「笑い話」っぽく話してくる人って多くない？

あ、それはいますね！「残業一〇〇時間やったよ、社会人として当然だよ」という人はさすがにいませんが、「もう最悪でさ（笑）、ありえないよ（笑）」みたいに言ってくる人はメッチャいます！　というか、だいたい職場の人と食事に行くと必ずその手の話になりますね。

まあ、社会人あるあるだよね。ダメな上司の話とか、お客にひどい目にあわされた話とか、急に仕様が変わった話とか、詳細設計が終わってないのに製造が始まった話とか。そういう仕事の愚痴トーク合戦。恋愛の愚痴もそうだけど、こういう身に起きた不条理や不幸って、みんな案外、楽しそうに話したりするんだよね。「やってられない（笑）」「最悪だわ（笑）」「ホントひどいでしょー（笑）」みたいな感じで。

なぜそうなるのでしょう？

もちろん、単純には、明るく話してストレスを解消したいというのもあるとは思うけど、実は、そこには、人間関係において「人を笑わせる会話は善い」「面白味のない会話は悪い」という……、これまた、どっかの誰かが勝手に作り出した架空の価値観があるんじゃないかな。

あ、それ、わかります。誰かと会ってるとき何か面白い話をしなければならない、という気持ちがすごくあります。もしかしたら、単純に、今時のトーク力を重視するバラエティ番組の影響かもしれませんが……。

それって、奴隷道徳のときと同じ話だと思うんだよ。「ウケる＝善い」「ウケない＝悪い」という「架空の価値観」があり、それにいつの間にかとらわれて「本来の気持ち」が覆い隠されてしまう感じ。だって、現実の世界でひどい目にあっているんだから、普通に考えたら「笑い話」にしてる場合じゃないよね。本来なら、怒ったり文句を言ったり、逃げるなり戦うなり解決に向けて何かをするべきなんだ。でも、「笑い話」として人に話すことで、その気持ちが「消化」されてしまう。

たしかに。愚痴を「ねー、ひどいでしょー（笑）」と話して、人に「わかるわかる、それ最悪じゃん（笑）」と笑ってもらえたら、結構それで満足しちゃって特に何も行動しなかったりしますね。「ウケたし、まあいいかな」と。

「奴隷道徳」は構図で理解する

ちなみに、ニーチェの奴隷道徳の話をするときに、よく出てくる定番のたとえ話として、「すっぱいブドウ」の話があるのだけど、知ってるかな？

すっぱいブドウ？　あ、イソップ童話でそういうのありましたね。

そう。キツネがいてね、高いところにあるブドウを取ろうとして、ジャンプするんだけど届かなかった。そこで、そのキツネが「あのブドウはすっぱいに違いない、ああ、食べなくてよかった」という台詞を吐くんだ。

見事なまでの負け惜しみですね。

そう。これはこういう構図になっている。

現実の気持ち＝「ブドウを食べたい」
現実の結果＝「跳び上がったけど取れなかった」
架空の価値観１＝「ブドウはすっぱい」
架空の価値観２＝「ブドウを食べないことはよいことだ」

つまり、惨めな「現実の結果」を受け止められないから、無理やり非現実的な架空の価値観を作り出し、自分を満足させようとしているという構図。これってようするに、後出しジャンケンで「現実の結果」をむしろよかったのだと思い込み、その結果、本来あったはずの「現実の気持ち」を「なかったこと」にしているわけだよね。それは簡単に言えば、キツネは「自分をごまかしている」わけで、「まっすぐに本来の人生を生きている」とは言えない。この状況において、「まっすぐに生きる」とは、「ブドウが食べたい」という現実の気持ちをきちんと受け入れて、もっと高く跳び上がろうと「前向きに努力する」ことだと思うんだ。

なるほど。こう整理すると、キツネが自分をどうごまかしているか一目瞭然ですね。

で、これがニーチェの奴隷道徳の場合は、こういう構図になる。

架空の価値観1＝「必死にブドウを求めるのは、いじきたない」
架空の価値観2＝「ブドウを食べようと欲しないこと（無欲）はよいことだ」

架空の価値観のところが異なるけど、起きていることの本質はまったく一緒。現実から目をそらすために、積極的に架空の価値観を採用し、まっすぐで素直でシンプルな人生（もっと高く跳び上がろうと努力する人生）を選択しようとしないんだ。そして、その点において道化道徳、芸人道徳もまったく同じ話。「うはは、どんなに跳んでもまったく届かない（笑）、最悪だ（笑）、ブドウ食べてるやつ爆発しろ（笑）」という感じで、「ネタっぽく話して他人を笑わせることは善い」という架空の価値観を採用することで、最初の「したい」という現実の気持ちを覆い隠している。

なるほどですね。ようするに、

・ツライ現実の結果を認めたくないから
・何らかの架空の価値観を持ってきて
・自分を慰め、現実の気持ちから目を背けてしまう

という点においては、すべて同じであると。

そう。だから、ニーチェの「奴隷道徳」は、そのまま言葉どおりに受け取らないで、構図で理解し、自分がその状況にないか問いかけてみるといいと思うんだ。そうじゃないと、「自分は奴隷的な生き方を賛美してるわけじゃないから、奴隷道徳ってそんなに関係ないや、まあ、そういう人もいるかもねー」と他人事のように受け取ってしまう。

まさに、私はそう受け取ってました。そうですね……、今の構図が当てはまるか、自分自身に問いかけてみます……あ！

当てはまった？

はい！　私、自分の気持ちを偽ってました！　社会から与えられた「架空の価値観」に振り回されて、自分の「現実の気持ち」をなかったことにしてました！

そうなんだ！　それはどんな気持ち？　アキホちゃんは、何を求めているの⁉

イケメン逆ハーレム！

マジで⁉

★「**能力的に優れた人**」より「**大人しくて弱そうな人**」の方が「**善い人間**」に見えるのはキリスト教の影響である（と、ニーチェは考えた）。

★奴隷にされた弱い民族の「**ルサンチマン**（嫉妬）」が道徳の起源である（と、ニーチェは考えた）。

★「**奴隷道徳**」とは、「**嫌なことに文句を言わず受け入れる人が善い**」という不自然な価値観のこと。

★「**奴隷道徳**」は構図で理解すべし。「**架空の価値観**」を持ち出して「**現実の気持ち**」をごまかして生きていないか、自分自身を振り返ってみる。

Ⅳ 第四章

死にも未来にも意味はない？

超人、永劫回帰

人はみな「絶望」にいたる

さて、前回は、道徳という「非現実なもの」に振り回されずに生きていこうという話をしたわけだけど……。あれ？　アキホちゃん？

ふぅ〜（タバコの煙を吐き出しながら）。

アキホちゃんって、タバコ吸うんだっけ？　ていうか、なんかこう、やさぐれた感があるんだけど……。何かあった？

先生……。実は、ニーチェの哲学を学んでから、なんだかやる気がなくなってしまって。

え⁉

だってですよ。仕事も、恋愛も、最初は楽しいけど、いつかは退屈なものになり、結局は、私に「生きる意味」を与えてはくれないんですよね。

そうだね。ニーチェは、そういう「絶対的な価値があるもの」や「人生を熱狂させるもの」は、いつか必ず壊れると言っている。

じゃあ、せめて「善い人間」として道徳的に安らかに生きていこうと思ったのですが、そもそも、その「善い」自体が架空のもので、自然本来のものではないのですよね。

そうだね。ニーチェは、人間が思い描いている「善い人間」なんてのは、ルサンチマン（弱者の妬み）から生じた、歪んだものだと言っている。

だとしたら、何を目指してどう生きていけばいいんですか!?　もうはっきりいって絶望ですよ、絶望。もしできることがあるとしたら、こうして何も考えずタバコの煙をくゆらせ、それを一日中みながら、人生が過ぎ去るのをただ待つ

のみです。

すっかり末人だね（汗）。でも、予定どおりだよ、アキホちゃん。この本の冒頭で言ったように、ニーチェの哲学を学ぶと、絶望するものなんだ。というか、実は、ニーチェと同じ黒哲学（実存哲学）で、それの始祖であるキルケゴールは「絶望は死に至る病だ」と表現している。

え!?　絶望すると死にいいたっちゃうんですか!?

いやいや、「死にいたる」は、「致命傷」って意味じゃなく「死ぬまで続く」という方の意味ね。つまり、人間は、絶望という病を死ぬまで抱えて生きている存在なんだ。

絶望という病……。

うん。キルケゴールたち、実存主義の哲学者に言わせれば、人間は本来、絶望という病にかかっているんだよ。ただ、みんな、人生と向き合っていないから、それに気づいていないだけ。だって、人生ときちんと向き合ったら、どう考えたって絶望せざるをえないよね。

反論したいところですが、今なら少しわかります。私は今までオシャレや恋愛を頑張って「イイ女」「モテる女」になろうとしたり、仕事を頑張って「デキる人間」「自立した人間」になろうとしたりしてきました。でも、それらはすべて見たり触れたりできない、後付けの架空の価値観であって、私自身はどこまで行っても「現実の存在」、すなわち「実存」なんですよね。

そう。「現実の存在（実存）である」とは、はっきり言ってしまえば、そのへんに転がってる「石ころ」と同じだということ。もしかしたら、その石ころは、「モテる石」になりたいとか、「自立した石」になりたいとか、たまたまその時代に流行ってる言葉を使って、何かになりたいと言うかもしれない。けど、どういう言葉を当てはめたって、「石ころ」は「石ころ」にすぎない。ただ「現実の存在」として、何の目的も意味もなくこの世界に存在し、いつかは死んで消えていくだけの存在なんだ。

それですよ、それ！「私という実存は、目的もなく、ただ世界に放り出された、まるで石ころのように無意味に『そこにあるだけ』の存在である」という実存主義の主張を自覚してしまうと本当に絶望しかないですよ。もちろん、それではマズいと思い、いろいろ考えました。どこかに何か生きる意味はないかと。

ほう、それで見つかった？

いえ。「信頼できる友達」「最愛の恋人」「人の役に立つ仕事」「宗教」「家族」、手当たり次第に、生きるに値しそうな言葉を探してみましたが、黒哲学を学んだ今となっては、どれも、他人（社会）から押し付けられた架空の価値観としか思えなくて……。

いいね、アキホちゃん！　さっきから語り口含めて、とても実存主義の哲学者っぽいよ！　ニーチェの哲学、黒哲学がわかってきたって感じ！

いやいや、全然嬉しくないです。はぁ……。「もっとスペックの高い恋人が欲しぃ！」「仕事で成功して認められたい！」と素朴に思っていた頃が懐かしいです。もう最近は、今まで必死に追い求めていたものがバカらしくなって……、人間関係も仕事もぜんぶ面倒くさくなり人生の充実感がなくなってしまって……、もはや生きる意味がないなあとまで思い始めてます。そもそも、人間って、いつか死ぬのに、何のために生きてるんですかね。意味がないとしたら、このまま死んでしまった方がいいんでしょうか……。ふっ、こんなことを考えて悩むなんて、どうやら私もニーチェと同じ哲学者になってしまったようですね。

え？　いや、アキホちゃん……！　ぜんぜん、ニーチェの哲学がわかってない！ダメだよ、死んじゃおうかなんて！　そんなの思っているうちは、全然、絶望が足りないよ！

え……？　ええええええ!?

そうやって、「生に意味がないなら、死のう」という発想自体、「死に対して意味を見いだしている」よね。たとえば、「死はこの無意味な生から解放してくれる唯一の救いだ」みたいな感じ。でもね、ニーチェは、死の意味すら否定しているんだ！

えええ!? 死すらも、意味がないんですか!? じゃあ、もうどこにも逃げ場がないじゃないですか！

そうだよ！ でも、それが真の絶望さ！ 逃げ場があるうちは、真の絶望じゃない！

あー、なるほど、たしかに……。って、ちょっと待ってください、私は、べつに真の絶望を目指してるわけじゃないんですけど！

人類最大の贈り物『ツァラトゥストラ』

でも、ニーチェは、なぜそうまでしてすべての意味を否定したんですか？

まず歴史的な背景としておさえておいてほしいのは、ニーチェの時代には、教会の権威はもうだいぶ弱まっていて、神さまはもはや絶対的な価値観ではなくなりつつあったということ。それゆえに、ニーチェは「神が死んだ世界」すなわち「旧来の価値観が崩壊したニヒリズム（虚無主義）の世界」が近い未来に到来することを敏感に感じとっていたんだ。

ニヒリズムの世界？

ざっくり言うと、「ずっと昔から大切で『意味（価値）がある』と思われていたものが、ある日、突然、意味を失い、ショックのあまり虚無感につつまれてしまった世界」を想像してもらえば一番近いかな。

それって、仕事や恋愛の意味を見失ってやさぐれている、まさに私の世界じゃ

ないですか！

そうだね。ニーチェの時代で言えば、「神さまへの信仰が何よりも大切だとみんなが思って生きてきたのに、突然、その意味が失われた世界」になるわけだけど、現代人のアキホちゃん的には、「仕事や恋愛の意味が失われた世界」を思い浮かべた方がピンとくるかもしれない。

で、そのニヒリズムの世界がどうしたんですか？

端的に言うと、ニーチェは、こう考えたんだ。

(1)絶対的な価値（神、真理、本質）なんてものは幻想であり、いつか必ず壊れる。
(2)だから、ニヒリズムの世界、すなわち「旧来の価値観が崩壊して、今まで大切とされてきた物事の意味が失われた世界」がもうすぐやってくる！
(3)ならば、そんな世界が来ても前向きに生きていける哲学を私が作ろう！

なるほど。それはとてもありがたい話のように思えます……が、でもなんだかそれって、「未来の世界をオレ様の哲学で救ってやるぜ」みたいな感じでちょっとイタ……、あ、いえ、大それたことのように聞こえますけど。

（いま、ニーチェのことイタいって言いかけた⁉）

いや、まさに、その大それたことをしようとしたんだよ。はっきり言えば、ニーチェは、あの世界宗教、キリスト教の代わりになるようなものを作り出そうとしたんだ。たとえば、ニーチェの代表作『ツァラトゥストラ』という本だけど、あれは聖書の代わりとなる書物を目指して書いたと言われている。実際、聖者が山から降りてきて教えを説くという構成も同じだし、何よりニーチェ自身がその本について「かつて人類に贈られた贈り物のなかで最大の贈り物」とまで言っている。

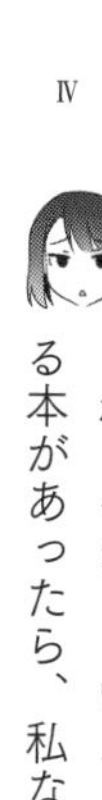

うわ、イタ……いえ、ものすごい自信ですね。書店でそんな自薦の帯がついてる本があったら、私なら全力でスルーしますが。

まあ実際ぜんぜん売れなかったんだけどね。とくに最終巻の第四部は、それまでがあまりに売れなさすぎて、結局、自費出版で四〇部だけ発行。友達に配って終わっている。

人類最大の贈り物と銘打った作品が、打ち切りをくらって完結編を同人誌で四〇部刷ったあげく、それでも売れずに身内に配ったわけですね。

いや、でもそうは言っても、その『ツァラトゥストラ』は最終的には名著として歴史に残り、ニーチェの死後、一〇〇年以上も読み継がれているわけだからね！　ニーチェの自己評価はそんなに間違ってなかったと思うよ！

そうかもしれませんが、なんにせよ、イタいですね。

それ結局言うのね！

最悪ケースを考えるのは哲学の常套手段

では、そろそろ、その、ニヒリズムの世界でも前向きに生きていく方法とやらを教えてください。

そうだね。でもその前に、ニーチェが考えた「最強最悪のニヒリズムの世界」の話を聞いてほしい。

なんですか、その、「僕が考えた最強のロボット」みたいなフレーズは。

まず、ニヒリズムの世界、すなわち「旧来の価値観が崩壊して、今まで大切とされてきた物事の意味が失われた世界」だけど、その崩壊するものって実は人それぞれだったりするよね。ほら、アキホちゃんの場合は、仕事や恋愛という価値観が崩壊したわけだけど、人によっては、それが宗教だったりするわけで。

それはよくわかります。今まで私は恋愛がすべてみたいな生き方をしてきたので、「恋愛の意味」を失ったとき、とても人生が虚しくなりましたが、この前、その話を友達にしてもまったく共感されませんでした。

そうそう。ある人にとって価値観Aの崩壊は死ぬほどツラいことかもしれないけど、他の人にはどうでもよかったりする。そんな感じで、世の中には人それぞれの無限の価値観があるわけだよね。でも、そうだとするなら「価値観Aが崩壊した世界を前向きに生きる方法」「価値観Bが崩壊した世界を前向きに生きる方法」「価値観Cが……」と個別に考えていってもキリがない。

まあ、人それぞれいろんな価値観があるから、そうなりますね。

そこでニーチェは、こう考えた。「すべての価値観が崩壊してしまうほどの、最強最悪の世界をまず想定しよう、そして、そんな世界でも前向きに生きる方法を考えよう」。つまり、単純に言えば、個別のケースごとに対処法を見つけていくより、最悪ケースをひとつ想定して、その対処法を一個見つけた方が効率的だよねという話。ちなみに、こういった「あえて極端なケースを最初に想定するやり方」って実は哲学では定番だったりする。

そうなんですか？

たとえば、デカルトって哲学者が「方法的懐疑（かいぎ）」というやり方を使ったんだけど、これはつまり、「あえて方法論（テクニック）として徹底的に疑ってみましょう」ということ。たとえば、「目の前にリンゴがある」という明らかな事実。これを「実は幻かもしれない」「実は夢かもしれない」と徹底的に疑ってみるんだ。

そうすると何かよいことがあるんですか？　って、それ以前に、その疑いってさすがに無理やりすぎませんか？

いやいや、そんなもんじゃないよ。それどころか、デカルトは、疑いをさらに強化するために「悪霊」まで持ち出している。

悪霊!?

そう。たとえば、「ここにリンゴがある。それは、これこれこういう理由で明らかな事実だ」と誰かが言ったとしても、デカルトは「いやいや、悪霊がキミの心を操って、そう思わせているだけかもしれないよ」と疑ってかかるんだ。

なんですか、その小学生の言い訳みたいな疑いは。そんなこと言い出したら、

先生「遅刻だぞ！」

生徒「いいえ、悪霊がそう思い込ませてるだけです！」

みたいな感じで、いくらでも疑えちゃうじゃないですか。

そうだね。でも、逆に言えば、そこまで徹底的に疑ってみて、それでも「疑えないもの」が見つけ出せたとしたら、それって「ものすごい真実」ってことにならないかな？

まあ、理屈はわかりますけど。つまり、あえて過酷な環境に生き物を放り込み、

バタバタと死んでいった中から、生き残った強いヤツだけつまみ上げようみたいな話ですよね。

い、嫌な言い方だけど、そのとおりだね。

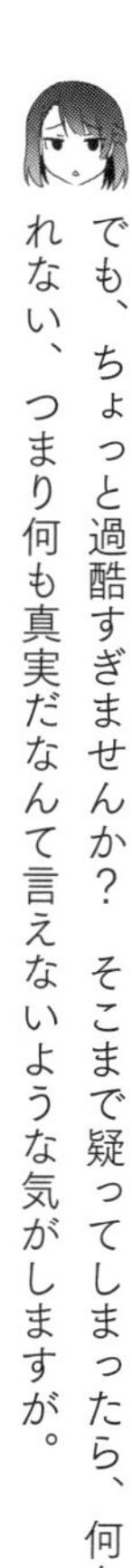

でも、ちょっと過酷すぎませんか？　そこまで疑ってしまったら、何も生き残れない、つまり何も真実だなんて言えないような気がしますが。

普通に考えたらそうだよね。でも、デカルトは、その狂気じみた疑いの中から、見事に真実を、つまり、哲学史に残る重要な真理を見つけることに成功したんだ。それが、かの有名な「われ思う、ゆえにわれあり」。

あ、そのフレーズ、聞いたことあります！　意味は知りませんが。

この言葉の意味はね、「私が思う（疑う）とき、思っている私がある（存在する）ことは決して疑えない」ということ。

えーと、どういうことですか？

たとえば、「アキホちゃんが何かを疑っている」とする。ということは、「疑っているアキホちゃん」、つまり、「疑っている私」がそこに存在するわけだよね。

それはまあ、そうでしょうね。当然、「存在する」と思いますけど。

実は、その「存在する」っていう一見当たり前の結論こそが、絶対に疑いようのない完璧な真実だったんだ。

え、でも、それだって疑おうと思えば疑えませんか？　たとえば、「疑っている私が存在する」のは、ただそういう夢をみてるだけかもしれない、とか。悪霊にそう思い込まされているだけかもしれない、とか。

もちろん、そうやって疑うことは可能だよ。でもだとしてもほら、やっぱり「疑ってるアキホちゃん」がそこにいることに変わりはないでしょ。

……あ！　なるほど！　疑ってる私を疑っても……、やっぱり「疑っている私」がここにいることになりますね！

これは、つまり「仮にこの世界がすべて夢だったとしても、少なくともその夢をみるものが存在することだけは絶対的な真実である」みたいな話なんだけど、とにかくまあ、「子供レベルの極端な屁理屈でもいいから、まず最悪ケースを思い浮かべ、それを乗り越える考え方を探してみる」というのは、哲学の有効なテクニックのひとつなんだよ。

ニーチェが考えた最悪のケース「永劫回帰」

では、ニーチェは、どんな最悪ケースを思い浮かべたのですか？

それこそが、ニーチェが湖畔を散歩中に突然ひらめいた新概念**「永劫回帰」**だ。

永劫回帰？ なんだか、「永久に繰り返しつづける」みたいな名前ですね。

いや、まさにそのとおりだよ。「未来永劫、回帰する世界」すなわち「永久に同じことを繰り返し続ける世界」だ。それが人間が想像しうるかぎりで「最悪の世界」だとニーチェは考えたんだ。

え？ 全然ピンときません。もっと死臭が漂うおぞましい世界かと思ってましたが。どうして「永久に同じことの繰り返し」だと最悪になるんですか？ いえ、その前に、「永久に同じことの繰り返し」というのが、まだよくイメージできていません。

そうだね、ニーチェの「永劫回帰」はそこそこ有名な哲学用語なんだけど、なかなかイメージが難しいんだよね。

有限の空間で永遠にボールが転がり続けたら？

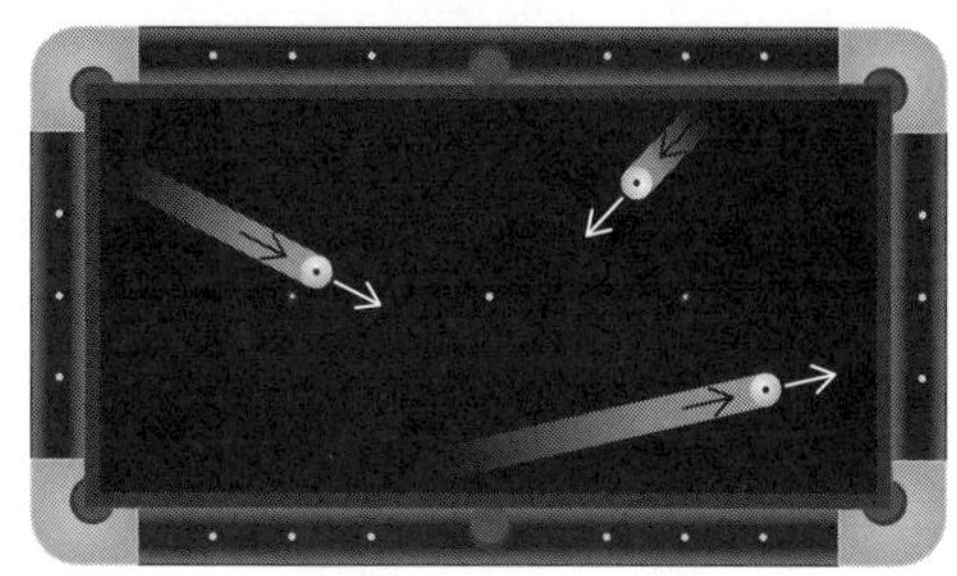

※ビリヤード台に穴はない

あ、わかりました！　私も突然ひらめきました。あれですか、飲み会で上司から「オレも昔は悪かった」という武勇伝をエンドレスで聞かされ続けるとかですか？　私、これって最悪だと思うんですよ。だから、まさにこれが！

そう、永劫回帰！　ってそんなわけないでしょ！　いやいや、えーと、じゃあもう少し永劫回帰のイメージが具体的になるよう、図を使って説明するね。まず、たくさんのボールが転がっているビリヤード台を思い浮かべてみてほしい。ここで仮に、空気の抵抗や摩擦がなかったとしたら、ボールはぶつかり合いながらも延々と転がり続けるわけだけど……、実はこのとき、無限に時間を進めていけば、ボールの運動はいつか必ず「繰り返し」になるんだ。

？　どうしてですか？

それは、「有限の空間に、有限個のボールが転がっている」という前提があるからさ。たとえば、前ページにある図ってさ、「三個のボールが、ある位置にいて、ある方向に転がっている」という瞬間の絵だけど、次の瞬間にはこれらのボールは前とは違った「位置と方向」になっているよね？

はい、それはもちろん。転がったりぶつかったり、ボールは動いているのだから当然そうなりますね。

それってつまり、「それぞれのボールの位置と転がる方向」が時間とともに変化し続けてるということになるわけだけど、実はその変化のパターンっていうのは「有限」つまり「限られた可能性」しかないんだ。

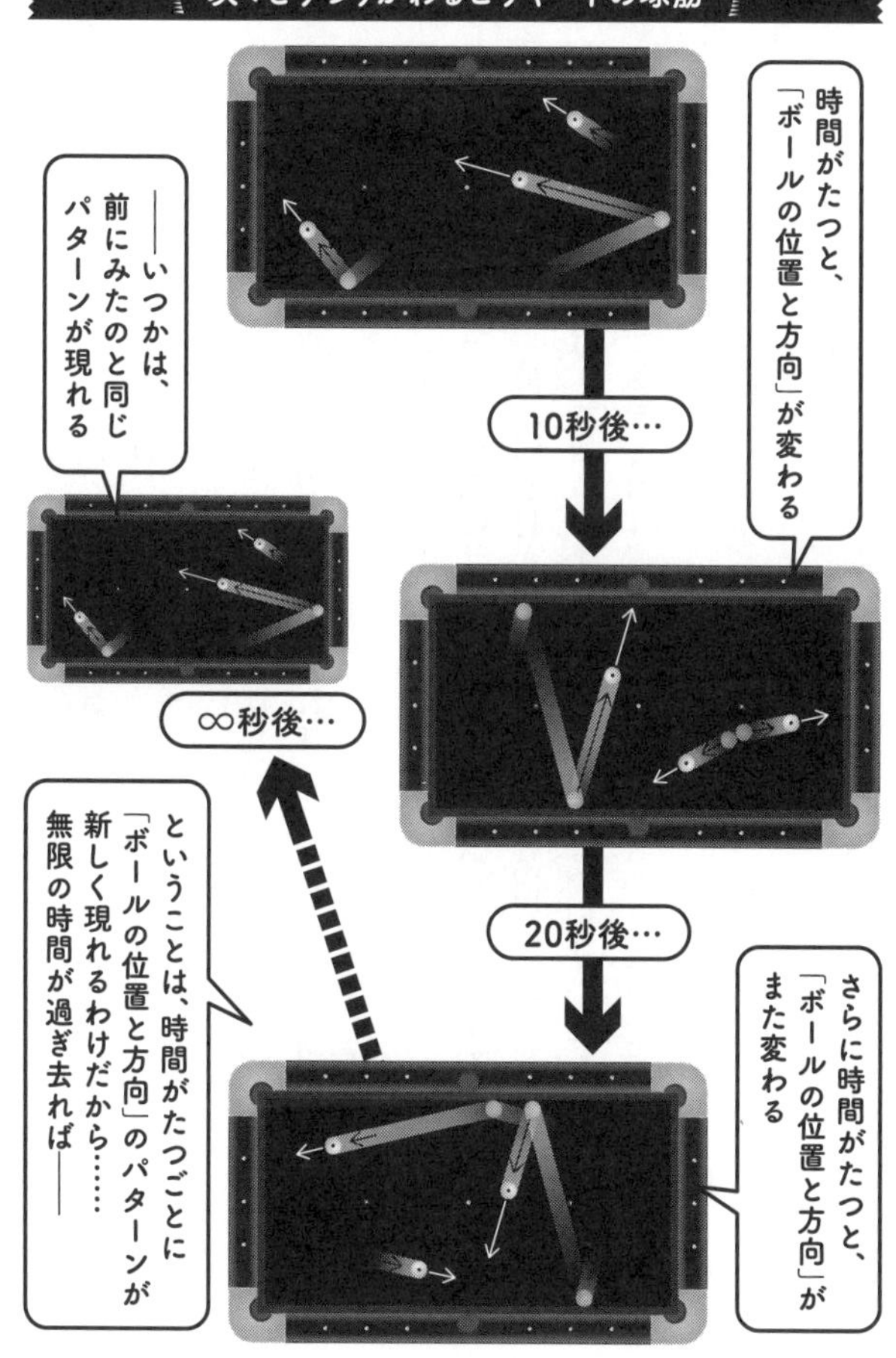
次々とうつりかわるビリヤードの球筋
時間がたつと、「ボールの位置と方向」が変わる
10秒後…
20秒後…
さらに時間がたつと、「ボールの位置と方向」がまた変わる
ということは、時間がたつごとに「ボールの位置と方向」のパターンが新しく現れるわけだから……無限の時間が過ぎ去れば——
∞秒後…
——いつかは、前にみたのと同じパターンが現れる

うーん。……あ、そうか。ボールの個数が決まっていて、動ける範囲が限られているから……ですかね。

そう。ビリヤードの台が無限に広かったら別だけど、この図では、ビリヤードの台の範囲、つまり、ボールが動ける範囲は限られている。だから、無限に時間を進めていけば、次々と変化していく「それぞれのボールの位置と転がる方向」の組み合わせの中で、いつかは「前に見たのと同じ状態」が現れる。

これは、たとえるなら、一億個のサイコロを同時に振ったとしても、それを無限にやり続けたらいつかは「前と同じ目が出る」というのと同様の話だね。さて、ここでもうひとつのポイントは、物質（ボール）というものは物理法則にしたがって機械的に動いており、けっして気まぐれに動いたりはしないということだ。

そんなのは当たり前ですよね。

うん、もちろんね。でも、そうすると、次の図のようなことが起こる。たとえば、

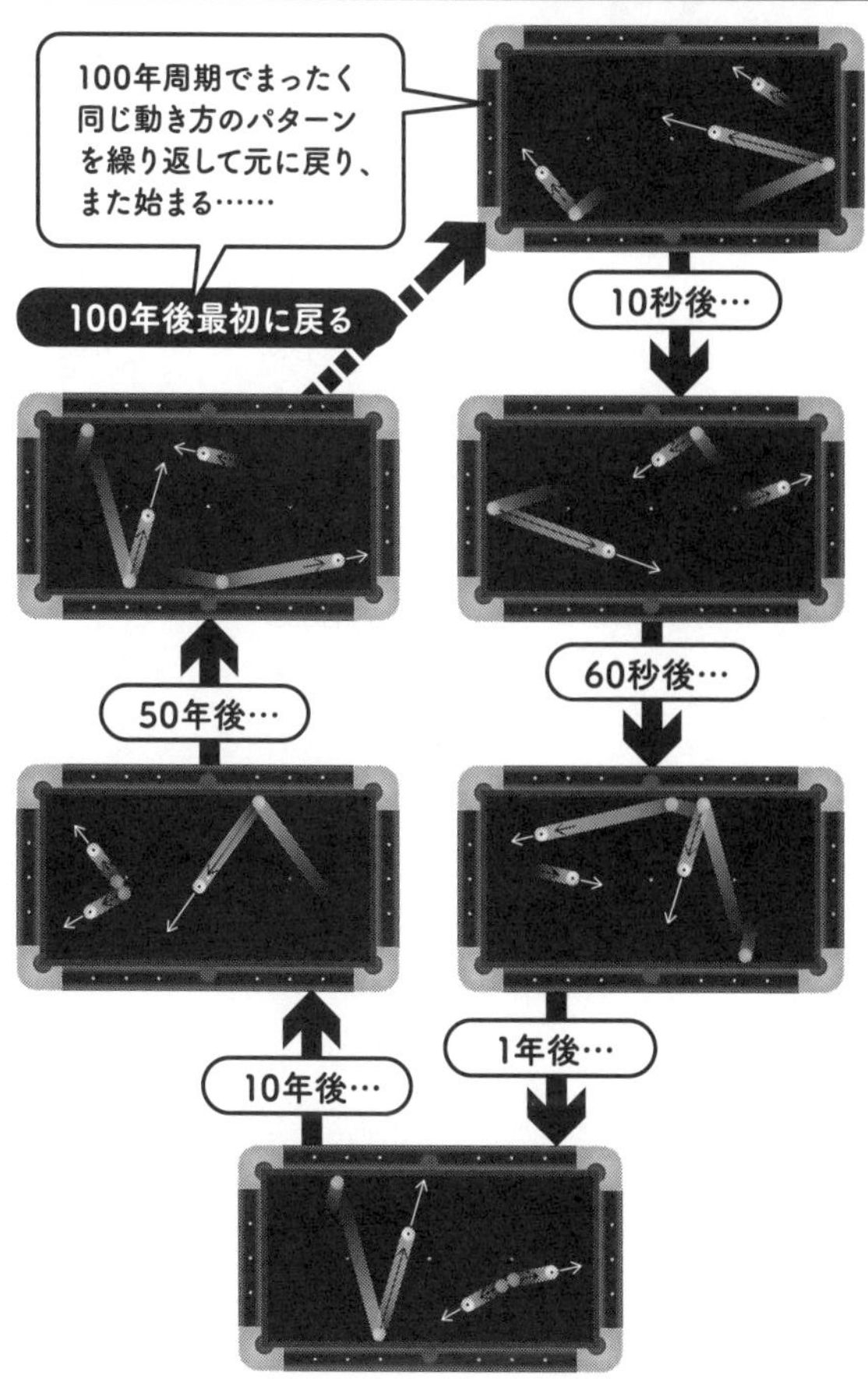
100年周期で元の球筋に回帰するビリヤード
100年周期でまったく同じ動き方のパターンを繰り返して元に戻り、また始まる……
100年後最初に戻る
10秒後…
60秒後…
1年後…
10年後…
50年後…

あるビリヤード台のボールが、一〇〇年間、転がり続けて「元の状態」に戻ったとする。すると、ボールはそこからまた同じように転がるわけだから……、やっぱり一〇〇年後、また「元の状態」に戻ることになるんだ。

えーと、ボールは、気まぐれじゃなく、規則どおりに転がっているだけだから……、あ、なるほど、たしかにそうなりますね。

そう。そして、それは、次の一〇〇年もそのまた次の一〇〇年もまったく同じ。ボールは、一〇〇年周期で、未来永劫、無限に同じ動きを繰り返し続けるんだ！　つまり、それが‼

永劫回帰‼　って、いやいや、ついノリで合わせてしまいましたが、まだピンときてませんからね！　ビリヤード台でボールの動きが繰り返される話はわかりましたけど、今、私の頭の中は「で、だからなんなの？」ってなってます。

とにかく宇宙は回帰する

ごめんごめん、もう少し説明するね。えっと、今までの話は短くまとめると、「有限個のボールを有限の空間上で運動させたとき、無限の時間でみたら必ず回帰が起こる」という話だったわけだけど、ここで、ちょっと想像の翼を広げて、「ビリヤード台を宇宙」「ボールを原子」だと思ってみてほしい。

いきなり、スケールが大きくなりましたね！

でも、大きくなっただけで、話はまったく同じだよ。ビリヤード台が広くなって、ボールの数が増えただけ。だから、「ボールの動きはいつか必ず繰り返しになる」という結論も変わらない。

まあ、それはわかります。サイコロの数が、千億個に増えようと、一兆個に増えようと、無限に振り続けたら、いつかは「前に見たのと同じ目」が出ること

に変わりはないですから。

そうだね。で、ここで大事なポイントは、リンゴも犬も人間もアキホちゃんも、宇宙に存在するあらゆるモノは、結局のところ「原子というボール」の集まりにすぎないということだ。そして、その原子は物理法則どおりに動き続け、今言ったような「繰り返し」になるわけだから……。

えーと、ちょっと待ってください。今更かもしれませんが、私自身ってやっぱり「原子の塊」なんですよね？

もちろん、そうだよ。

じゃあ、たとえば、私が、今こうして右腕を上げました。これって原子が動いた結果ということですか？

うん。正確には、**「アキホちゃんの脳細胞が動く↓神経に信号が伝わる↓腕が**

動く」という流れになっているけど、つまるところ、それらすべては機械的な原子の動きに還元できるはずだよね。

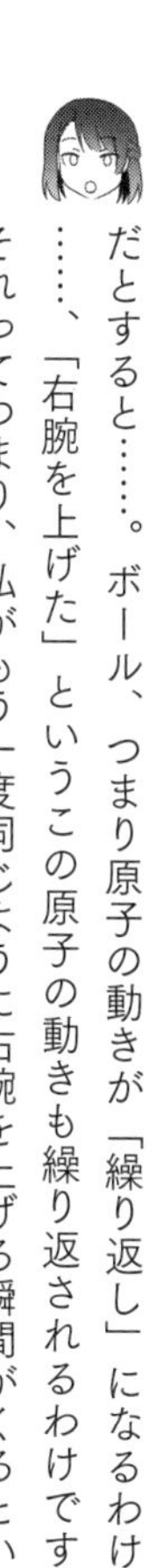

だとすると……。ボール、つまり原子の動きが「繰り返し」になるわけだから……、「右腕を上げた」というこの原子の動きも繰り返されるわけですよね。それってつまり、私がもう一度同じように右腕を上げる瞬間がくるということですか？　え!?　それっていつ!?

百兆年先かもしれないし、千兆年先かもしれない。とにかく、無限の時間の中での「いつか」だろうね。

千兆年先!?　いやいや、でも、そのときって、私、もう死んでますよね!?

そうだね、あと一〇〇年もしないうちにアキホちゃんは死んでその身体を作ってるボール（原子）は、散り散りのバラバラになるよね。でも、バラバラになったボールは消えるわけじゃない。未来永劫、転がり続けて、あっちいったりこっちいったりし

ている うちに、また同じ位置に集まって、今とまったく同じ身体になることだってある。

ええ⁉　そんなことありえるんですか？

確率的に考えたらありえなさそうかもしれない。でも、無限の時間で考えたら、十分ありえることだよ。さっきアキホちゃん自身が言ったように、千兆個のサイコロを同時に振ったとして、前とまったく同じ目が出るのは確率的にありえなさそうに思えるけど、無限にやったらありえるでしょ。

なんだかスケールが大きすぎてクラクラしてきました。

いやいや、もっとスケールを広げてほしいんだ。そもそも、ここで言っている「繰り返される」というのは、「アキホちゃん個人が」という話じゃない。「宇宙全体まるごとが」という話なんだ。たとえば、さっき、アキホちゃんが右腕を上げたとき、僕がここにいて、テーブルがこっちにあって、太陽があっちの方向にあったわけだけど、そういう周囲の原子もすべて含めて、すなわち「宇宙全体」がそっくりそのまま繰り返されるというのがニーチェの言う永劫回帰なんだ。

宇宙全体が⁉

そう。何千億年または何千兆年の周期かはわからないけど、宇宙全体が長い時間をかけて何度も何度も「同じこと」を永遠に繰り返す。そういう想定をニーチェはしたってことなんだよ。

そんなこと起こりえ……。

起こりえるよ！　ビリヤード台のたとえ話で説明したでしょ！　どんなに気が遠くなるほどたくさんの原子が、どんなに広い宇宙空間を漂っていようと、無限に続く時間の中では、いつか必ず「繰り返し」が起こるんだよ！

いえ、そのビリヤード台のたとえ話は十分わかりました。そうではなく、今、

私がひっかかっているのは、まさにその「広い宇宙空間」のところです。

えっ？

ビリヤード台は有限の空間で、端に壁があるからボールは跳ね返って戻ってきますが、実際の宇宙空間には壁なんかないですよね。

うっ。

ということは、宇宙空間は有限ではなく「無限の空間」ということになりませんか？　たとえば、端に壁のないビリヤード台の上でボールを突いたら、ボールは台から落ちて、そのまま遠くにどんどん離れていってしまいます。その場合、「繰り返し」は発生しませんよね。宇宙空間もこれと同様で、実際には「繰り返し」は起きないんじゃないでしょうか？

いやいやいや。でも、アキホちゃん、ビッグクランチ理論って知ってる？　宇宙は

ビッグクランチ理論

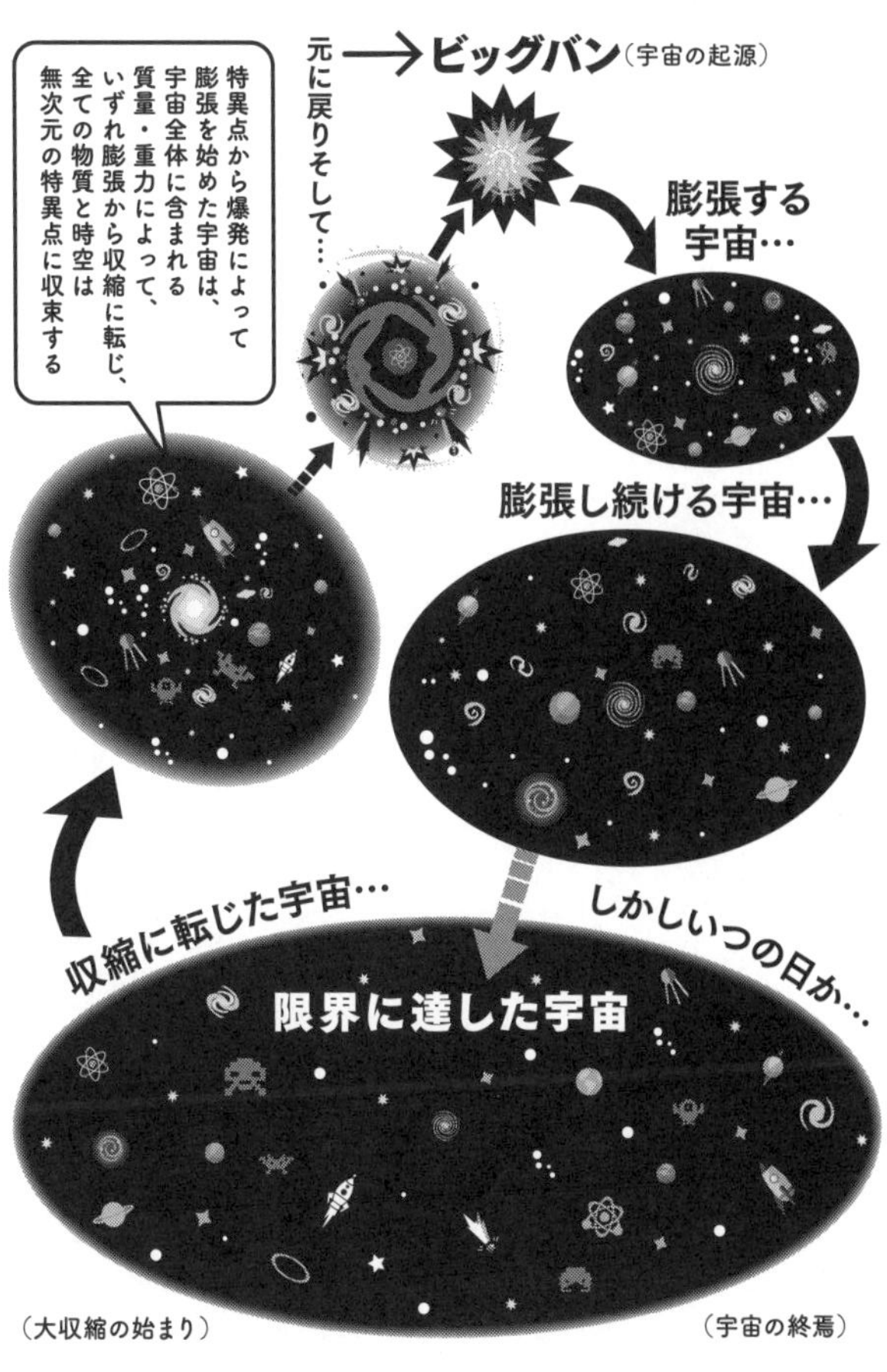
特異点から爆発によって
膨張を始めた宇宙は、
宇宙全体に含まれる
質量・重力によって、
いずれ膨張から収縮に転じ、
全ての物質と時空は
無次元の特異点に収束する
元に戻りそして…
ビッグバン（宇宙の起源）
膨張する宇宙…
膨張し続ける宇宙…
しかしいつの日か…
限界に達した宇宙
収縮に転じた宇宙…
（大収縮の始まり）
（宇宙の終焉）

ビッグバンから始まって膨らんだ後、重力に引かれて収縮し、また最初の一点に戻っていくという話。で、そのあとまたビッグバンが起きて、再び宇宙が膨張していくわけだけど……、ほら、こういうモデルの宇宙だったら、壁がなくてもボールが戻ってくるから「繰り返し」になるよね！

そうかもしれませんが、でもなんだか無理やりっぽくないですか？　本当にそうかなんて誰にもわからないと思いますし。それに、そもそも原子って、ボールみたいな単純なものじゃなく、量子力学的なもっときまぐれな動きをする存在じゃなかったでしたっけ？

そうだったかな……。

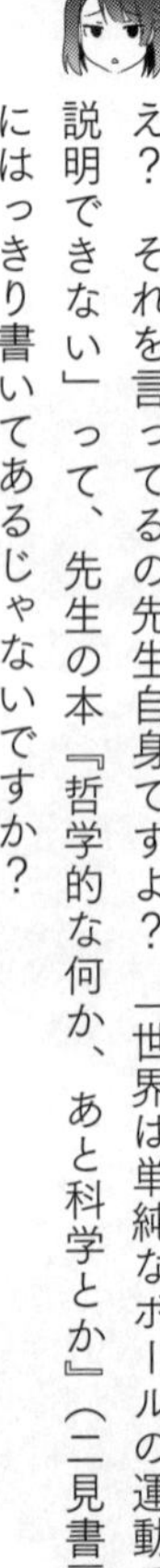

え？　それを言ってるの先生自身ですよ？「世界は単純なボールの運動では説明できない」って、先生の本『哲学的な何か、あと科学とか』（二見書房）にはっきり書いてあるじゃないですか？

……いんだょ……。

だいたい……、え？　いま先生なんて……。

いんだよ‼　こまけえことは‼　ニーチェの永劫回帰は、とにかく宇宙が回帰するって覚えときゃいいんだよ‼

ひっ！（ボコッ！）。

永劫回帰はウソっぱち？

すみません、取り乱しました。あまりに痛いところをつかれてしまったもので……。

こちらこそ、思い切りグーでなぐってすみませんでした。

一応、今までのビリヤード台のお話は、ニーチェ自身が言っていた永劫回帰の物理学的説明を、現代風にアレンジしたものだったんだけど……、やっぱり無理があったね。

やっぱり無理があったんですか……。

だって、宇宙はビリヤード台じゃないし、原子はボールじゃないから……。

それを言いますか……。あんなにたくさん図を作ってくれたイラストレーターさんの気持ちを考えてください。

いやでもね、アキホちゃん、ホントそういう細かい科学的なツッコミはどうでもいいんだよ。だって、ニーチェ自身でさえ、この永劫回帰については「聖なる虚言（きょげん）」とまで言っている。

虚言？　ウソってことですか!?

もう少し穏やかに言えば、「聖なる方便（ほうべん）」ってところかな。というか、そもそもを思い出してほしいんだけど、ニーチェは「永劫回帰」という概念をどうして持ち出したんだっけ？

えーと、たしか、「最強最悪のニヒリズムの世界」を考えるために言い出したことでしたよね？

そのとおり。だから、「永劫回帰」自体は別に本当のことでなくてもいいんだ。ほら、デカルトは、「無理やり疑いまくる」という極端な状況を作るために「悪霊」という非現実的な存在をあえて持ち出していたよね。

ええ、相手が何を言おうと「実は、悪霊が夢をみせてるだけかもね～☆」というムチャな疑いを作るためでしたね。

そう。あの「悪霊」は、「最大限に疑う」という極端な状況設定のために持ち出されたものだった。だから、そこを「悪霊なんて現実にはいないよ！」とツッコむのはナンセンスなんだ。

なるほど、たしかにそうですね。あれは「もし悪霊がいたら」という前提で「あえて考えみる」という感じでしたものね。

そうそう。だから、ニーチェの永劫回帰の話も同じで、「本当に宇宙が永劫回帰になっているか」を問いかけても意味はない。それよりも、「もし宇宙が永劫回帰であったら」という前提で思考を進めたときの結論の方にこそ意味があるんだ。

わかりました。そういうことなら、永劫回帰という嘘にあえて乗っかってみましょう。

永劫回帰はすべての意味を奪い去る

で、永劫回帰なんだけど、ニーチェは次のように言っている。

「おまえは、これまで生きてきたこの人生をもう一度、さらに無限に繰り返し生きねばならない。そこには何一つ新しいものはなく、あらゆる苦痛と快楽、あらゆる思念とため息、おまえの人生のありとあらゆるものが寸分たがわず、しかもそのままの順序でもどってくる。宇宙は砂時計のようなものであり、おまえはその中のひとつの砂粒にすぎない。そして、その砂時計は、おまえを含め、永遠にひっくり返され続けるのだ」

同じ人生を無限に繰り返し生きる……ですか。

そう。さっきビリヤード台のたとえで言ったように、宇宙全体が同じ動きを永遠に繰り返すのが、「永劫回帰」の想定だからそういうことになる。

えーと、ということは、私が生まれて、たとえば「小学二年生のときにブランコから落ちて怪我した」とか、そういう昔の出来事がもう一度繰り返されるということですか？

そう。今までアキホちゃんの身に起きた過去の出来事が、周囲の反応も含めて、そっくりそのまま繰り返される。ようは、同じ映画が無限にリピート再生される状態を思い浮かべるとわかりやすいと思う。

あ、なるほど。映画の無限再生のたとえで、永劫回帰のイメージがだいぶつかめました。でも、なぜそれが最悪になるんですか？

それは、繰り返しになることによって、失われてしまう価値がたくさんあるということなんだ。たとえば、唯一性とか一回性とか。物事は、一回限りもしくは回数に限りがあるからこそ価値があったりするよね。

まあ、たしかに一回限りとか、一点物とかってありがたみがありますね。

うん。でも、それが無限に繰り返せるものだとしたら、もはやそのありがたみは発生しなくなってしまう。

ありがたみがない……つまり、価値がないってことですか。

そう。あとほかには、「目標を達成する」といった到達性も失われるんだけど、とにかくまあ、そんな感じで、永劫回帰を前提とすると僕たちが当たり前に持っている日常的な価値観がどんどん崩れ去ってしまうんだよ。

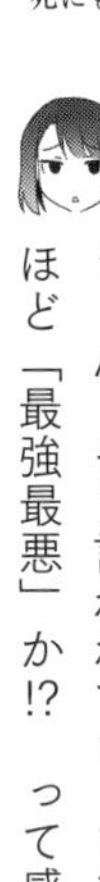

うーん。そう言われても、まだピンときませんね。正直、えー、そんなに言うほど「最強最悪」か!?　って感じです。

じゃあ、試しにこんな状況を思い浮かべてみてほしい。アキホちゃんが、「重い石を高い山の頂上まで運ぶ」という仕事をしているとしよう。アキホちゃんは、苦労してこの石を山の上まで運ぶんだけど、運び終わると石は自らの重さによって山のふもとまで転がり落ちてしまう。

うわ、無駄骨じゃないですか。

で、アキホちゃんは、山を下って、またこの石を山頂まで運ぶんだ。

え？　もう一度ですか？

いやいや、もう一度どころか、無限にだよ。**「石を山頂に運ぶ↓転がった石を追って下山する↓また石を山頂に運ぶ」**というのを無限に繰り返すんだ。

どんな拷問ですか！

ちなみに、このとき、新しい出来事はいっさい発生しない。同じように石を運び、同じように下山する。運ぶときの風景もまったく変わらない。さて、ここで質問するけど、この状況において、アキホちゃんは何か意味を見いだせるかな？

えーと、この作業に終わりはないんですよね。

うん、一億回やろうと一兆回やろうと終わらないし、仮に終わったと思っても、もう一度最初から同じ作業が始まる。無限に同じ景色を見ながら、同じ作業をやりつづけるんだ。

石の運び方も変えられないんですよね。

うん、変えられない。一億回目も、一兆回目も、寸分たがわず完全に同じように運ぶだけ。

……うーん……。だとしたら、私にはまったく意味が見いだせませんね……。

そうだよね。もし、この労苦に終わりがあるなら、「よし、あと一〇回やれば終わるぞ！　頑張ろう！」と思えるし、運び方など状況が変えられるなら「よし、次はもっと上手な運び方を目指すぞ！」と目標を決めてワクワクすることもできる。でも、何の変化もなく、同じことを永遠に繰り返すだけだとしたら……、「それを行っている意味」すなわち「生きている意味」「人生の意味」というものがまったくなくなってしまうんだ。

なるほどですね。世界が完全にループするとしたら、「一度きりの人生だし頑張ろう」とか「もっとこうしたい、こうなりたい」とかも思えなくなるわけですから、たしかにこれ以上なく人生が虚しくなりそうです……。

ついでに言うと、この場合、死ぬことにも意味はなくなる。どうせ、また同じ人生がやってくるわけだからね。ちなみに、このたとえ話は、ニーチェと同じ黒哲学者（実存主義哲学者）のアルベール・カミュが書いた『シーシュポスの神話』という本が元ネタだったんだけど、永劫回帰の世界がどれだけニヒリズムであるかがアキホちゃんに伝わってよかったよ。

ええ、なにせ、私が今やっている仕事とかなり似てる……というか、ほぼ同じですからね……。

え？　そうなの？　……そういえば、アキホちゃんってどんな仕事してるの？

ふっ……。

（教えてはくれないんだ……）

それより先生、この永劫回帰のループ世界をどうすれば前向きに生きていけるんですか？　私自身にとって切実な問題なので教えてください。

永劫回帰を前向きに生きていく方法

では、永劫回帰を前向きに生きていく方法だけど、結論を先に言うと、こうだ。

「今、この瞬間を力強く肯定して生きよう！」

え？　それだけですか？　さんざん最強最悪のニヒリズムだって言ってた、あの永劫回帰ですよ！　どうしてそれだけで解決できちゃうんですか？

でも、よくよく考えてみると、とても妥当な結論だと思うよ。だって、無限のループの中に、強烈に「よかった！」と思える一瞬の点を見つけて肯定するわけだから、それって結果的に「無限ループ全体を肯定した」ことにつながるよね。実際、アキホちゃんだって、真に「よし！　最高！　もう何度でも味わいたいわああ！」と思えるような瞬間があったとしたら、むしろ逆に「永劫回帰したい、永劫回帰でよかった」と思うんじゃないかな。

それはそうですが、でもそんな「よし！　もう一度めぐってきてほしい！」と思えるほどの幸福な瞬間なんて、そうそうないんじゃないですか？　そりゃあ、もちろん、好きなアイドルから突然告白されるとか、そういうミラクルな瞬間があれば、ループを肯定できるかもしれませんが……。はっきり言って、そんなミラクルで最高の瞬間がある人なんて、この世界に何人いるんだろうって話です。

いやいや、ニーチェに言わせれば、それはほんの些細な瞬間でもかまわない、むしろ大事なのは「生を肯定する意志」の方なんだ。つまり、積極的に肯定しようという強い意志を持てさえすればＯＫ。だから、たとえば、その瞬間というのは、お茶を飲んでおいしかったとか、散歩して風が気持ちよかったとか、友達とくだらない冗談で大笑いしたとか、そんな些細な瞬間でかまわない。……いや、それどころか、何も特別なことが起きていない、まさに「今、この瞬間」であってもかまわない。

え、今、この瞬間ですか？

そう。どんな瞬間だろうと、強い意志で「よし！」と肯定してみる。それだけで、最強最悪のニヒリズム、永劫回帰を吹き飛ばすことができるんだ。

うーん。

あれ？　微妙？

いえ、話はよくわかりましたし、「ループの中のある一点を強烈に肯定すれば、その一点を繰り返すループ全体についても肯定したことになる」という理屈もわかります。実際、なるほどなと思いました。でも、それってよくある、ありふれた話で、ようは「今を生きよ」みたいなメッセージですよね。なんだかそれだけのことを言うがために、永劫回帰とか、宇宙全体がループするとか、ちょっと大げさすぎる気がして。

たしかに大げさな感じはするかもしれないし、結論だけ聞けばたいしたことないと思うかもしれない。でもね、アキホちゃん、我が身を振り返ってほしいんだ。実際の話、アキホちゃんは、今を肯定して生きてる？

え？　えーと、そうですね。まずそもそも、今という瞬間をあまり意識したことがないですね。

まあそうだよね。基本的に人間の思考というものは、「過去」や「未来」について考えるようにできている。「あのときこうすればよかった」とか「あの人はどう思っただろう」とか「こうなったらいいな」とか。

たしかに仕事中とか特にそうですね。「早く終わらないかなあ」とか。

でもね、実存哲学、すなわち、「現実の存在」を重視する哲学の立場で考えてみてほしいんだ。未来とか、過去って「現実の存在」かな？

見たり触れたりできないから、それらは「現実の存在」ではない……ですよね。

そうだね。過去はもうなくなっているし、未来はまだきていないのだから、もちろん「現実の存在」ではない。その意味では、「現実の存在」だと言えるのは、「今この瞬間」だけなんだ。そして、実存哲学が、「ありもしない非現実なものに振り回されて不幸になるのはやめよう」という立場だったことも思い出してほしい。そうやって非現実的な「過去」や「未来」についてばかり考えて、「今この瞬間」を意識することも肯定することもなくただ生きているのは「真に生きている」と言えるのだろうか？

でも、「今この瞬間」を肯定するって難しくないですか？　だって、特別なことは何も起きていないんですよ？

いやいや、そうでもない。「今この瞬間」を肯定するのなんて、やってみると案外簡単なことなんだよ。もし、それが難しそうに思えるとしたら、それは「今この瞬間に生きていることの実感」が失われているからなんじゃないかな。

どういうことですか？

たとえば、今、アキホちゃんの足の裏って、床についているよね？

はい。

その感覚をちゃんと味わってる？

え？　いや、言われるまでまったく意識してませんでした。

そう。そういう身体的な感覚って、本来で言えば「まさに今、この瞬間に起きていること」なのに、普段はまったく意識していない。たとえば、仮にアキホちゃんが今、本を読んでるとしたら、本当ならその本の「手触り」や「重さ」を、今まさにリアルに感じてるはずだよね。でも、多くの人が、そういう日常的なリアルな感触（質感）にまったく気づくことなく、うすらぼんやりとした霞がかかった意識の中で毎日を生きている。

どうしてそうなるのでしょう？

頭の中の思考（言語）によって構築された架空の世界、つまり脳内にある「記号の世界」の中で生きているからなんじゃないかな？　たとえば、アキホちゃんが、ティーカップでお茶を飲んでいて、突然こう言われたとする。「あ、そのティーカップ、五〇万円なんだ、壊れやすいから気を付けてね」。そしたら、きっとそのティーカップにめちゃくちゃ注目して注意深く扱うよね。

それはそうですよ！　五〇万円のティーカップなら誰だってそうします！

でも、逆に、使っているティーカップが一〇〇円のどこにでもある、ありふれたティーカップだったとしたら、たぶん注目なんかしないよね。

そりゃあそうですね。だって、ただのティーカップでしょ、ってなります。

そう、まさにそれ。ティーカップという「現実の存在」がそこにあるのに、ただの「ティーカップ」という一般化された言葉（記号）として認識してしまう。そうなったらもう、そのティーカップは「現実の存在として、今、この瞬間にあるもの」ではなく、頭の中の記号的な存在となりリアルなものとして意識の上にのぼってこないんだ。でも、本来そのティーカップの「手触り」や「重さ」などの感触こそが、「今この瞬間」に起きていることなんだよ。

「今この瞬間」に起きていること……。

うん、だから「今を肯定しろ」というメッセージは簡単に思えるかもしれないけど、実際のところ、そういった「今この瞬間に起きていることを見逃して脳内の記号の世界で生きている人間」たちにとっては、とても難しい。だって、「今」を生きていないわけだからね。

では、どうすればいいんですか？

たとえば、さっき言ったように、足の裏の感触を感じてみるとか、あとは呼吸を意識するとかだね。

呼吸を意識ですか……。そういえば、よく考えたら呼吸って一日中してるはずなのに、息の出入りを意識したことってまったくないですね。

うん、そういう「普段意識していない身体の感覚を意識する訓練」を一日三分でもいいからやってみる……というか、今、やってみるといい。まず力を抜いて楽にし、身体全体に意識を向け、呼吸を含め今まさに身体に起きている感覚を意識する。このとき、脳内でいろいろな思考がよぎるかもしれない。だけど、その思考も「身体が生み出した感覚のひとつ」として同じように意識するんだ。

思考もですか？

そう。たいていの場合、人の意識は、思考にばかり注目してしまっている。それはもう、自分が呼吸していることを忘れるほどに。でも、肺などの臓器が呼吸を生み出しているように、本来、思考だって「脳という臓器」が生み出した同等のものに過ぎない。だから、思考への偏った注目はやめて、「呼吸」と同列の感覚として「呼吸」と一緒に観察してみるんだ。思考にとらわれると、どうしても「今」から離れて「記号の世界」に入ってしまうからね。

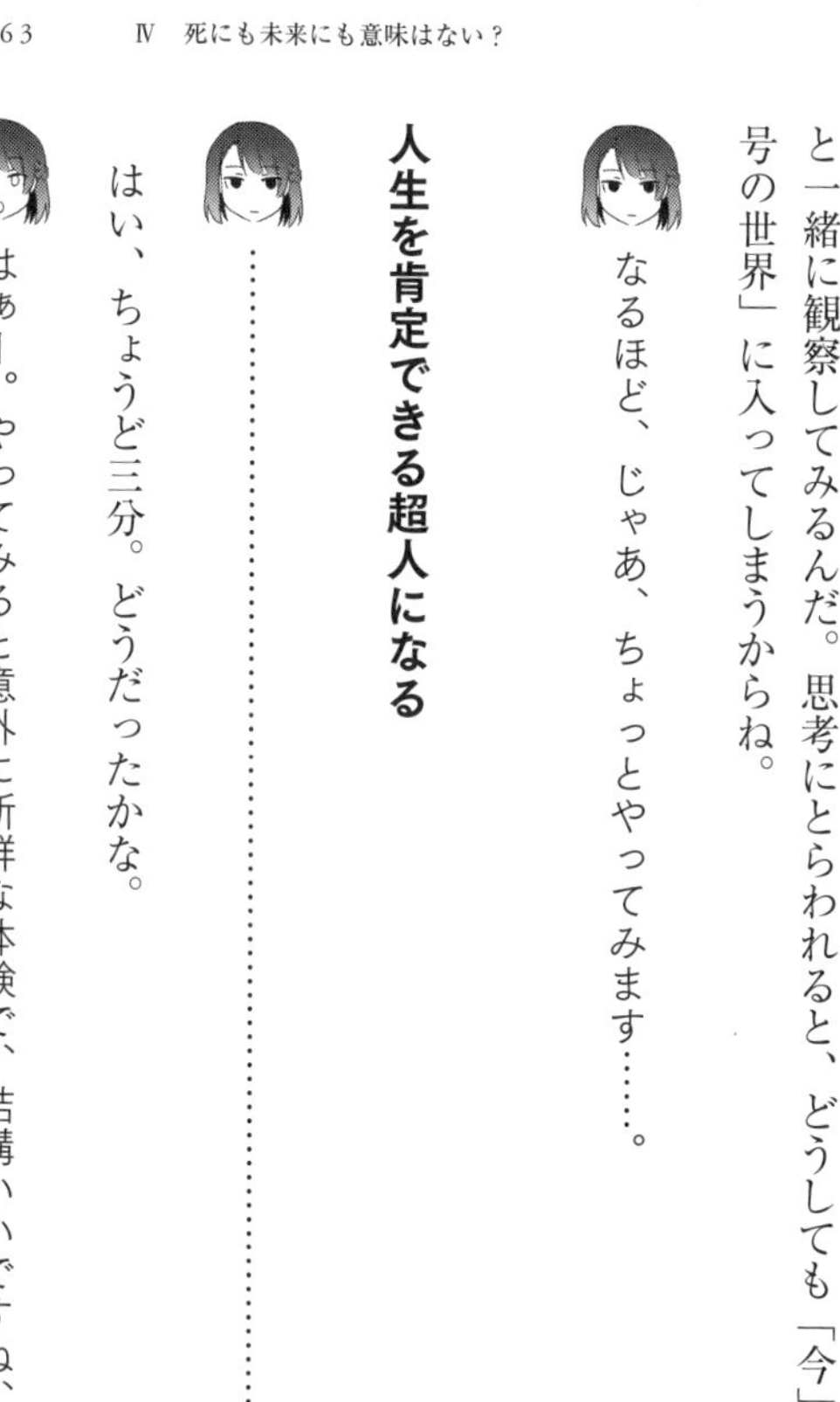

なるほど、じゃあ、ちょっとやってみます……。

人生を肯定できる超人になる

……………………………………………………。

はい、ちょうど三分。どうだったかな。

はぁー。やってみると意外に新鮮な体験で、結構いいですね、これ……。最初は「感じよう感じよう」と無理に意識しすぎて力が入ってしまいましたが、「あ、これって、完全に受け身で、感覚や思考がやってくるにまかせればいいんだ」とコツに気づいたらとてもリラックスしてできました。あと、なんていうか頭もすっきりクリアになった気もします。

でしょ。

はい、この状態に比べると、普段の意識って、本当に半分眠っているような感じなんですね。ホント今までって、ボンヤリ考え事しながら身体のことを何も意識せず生きてたんだなあって思います。

オッケー。じゃあ次は、その状態を「肯定」してみよう。これは参考までに僕のやり方なんだけど、さっきのように「今この瞬間」を感じながら「なぜこんな感覚があるんだろう」と不思議がってみるんだ。

不思議がる？

そもそも、宇宙は「完全な無」であってもよかったはずだよね。哲学には「なぜ無ではなく、何かがあるのか？」という有名な命題があるんだけど、そもそも、ティーカップも椅子もテーブルも地球も、それこそ宇宙だって、存在しなくてもよかったはずなんだ。だって、わざわざそれらが存在しなくてはならない理由なんてどこにもないから。でも、そうであるにもかかわらず、現に今、この瞬間、世界があって、僕の意識がここにあって、何かを感じている。これってものすごく不思議なことじゃないかな。

言われてみればそうですね。ティーカップとかモノが目の前にあるのって当たり前だけど、そもそも、なんでモノがあるんだろうって考えるとたしかに不思議です。

タウマゼイン。ギリシャ語で「驚き」って意味なんだけど、古代の賢人たちは、この「驚き（タウマゼイン）」から哲学、すなわち「知を愛すること」が生まれるのだと言っている。実際、古代ギリシャの哲学者たちはみな「世界はなぜあるのだろう？

生命はなぜ生まれたのだろう?」といった「驚き」をもとに哲学をはじめている。

へー、哲学者っていうと、「人生を悩んでるから哲学を始めた」というイメージがありましたが、元々のきっかけは「驚き」からなんですね。

そう。で、「今この瞬間、手足の感覚がある」というのも、本当なら誰でも哲学をはじめてしまうくらい奇跡的で不思議なことなんだ。だって、こんな感覚なんて、本来、無くてもよかったのだから。でも、現に、それが「今この瞬間」に存在している。その不思議さを素朴に驚き、「あってよかった」と肯定(感謝)してみるんだ。もちろん、これは僕の方法であって他にもやり方はあるかもしれない。普通に、素晴らしい一瞬を見つけ出し、それを強い意志で「よし!」と肯定するのもよいと思う。ところで、ニーチェは、こんなふうに「今この瞬間」を肯定できる人間のことを「超人」と呼んでいる。

超人? スーパーマンですか?

うん、別に空を飛べたりはしないけど、ようは「いずれくるであろうニヒリズムの世界を雄々しく生きていける新しい人間」をニーチェは超人という言葉で表現したんだ。ちなみに、このニーチェの超人は、「力への意志（強さを求める生物本来の欲求）のままにひたすら高みを目指す人間」として紹介されることもあるんだけど、本来は「永劫回帰の運命（人生に意味がないこと）をまっすぐ受け入れて、それでも人生を肯定できる強い人間」のことをニーチェは超人と呼んだんだ。

超人……、私もなれますかね。

なれるよ。というか、なるしかない。何度も繰り返すけど、仕事、恋愛、そういった非現実のものは、絶対的な価値ではなくなるときがいつか必ずやってくる。そうしたときが訪れ、それら非現実のものが「人生の意味」を与えてくれなくなったとき、人は「自分で自分の人生を肯定できる超人」になるしかないんだ。

いつか必ず無価値になる「未来」

さて、ここで改めてニーチェのすごさを見直したいのだけど、つまるところ彼の偉大さは、西洋世界を何千年も支配する「ある常識」を、永劫回帰によって転覆させようとしたところにある。その常識とは、すなわち、「価値（意味）のあるものは、常に未来に存在する」という思い込みだ。たとえば、アキホちゃんは、未来についてどんなイメージを持っているかな？

未来ですか、そうですね。やっぱり希望とか、可能性とか、明るいイメージがありますね。まあ、「私の将来、どうなっちゃうんだろう？」と不安なイメージになるときもたまにありますが……。

うん、そんな感じだよね。「希望」「不安」、いずれにしろ、未来は人間にとって重要事項というわけだ。でも、それって一見当たり前の話に聞こえるかもしれないけど、実は世界レベルでみたら、西洋独特の偏った考え方なんだ。

え、そうなんですか？

世の中にはいろいろな時間の概念があるからね。たとえば、アフリカには、「未来」という概念がなく、「今」が過去に退いていくという時間概念を持った部族がいる。この部族の人たちからすれば、未来なんてものはどこにも存在せず、「非現実的な思い込み」にすぎない。だから、彼らが「未来が大事」という西洋人の話を聞いたら、きっと「空想家のたわごと」ぐらいにしか思えないんじゃないかな。

へー、なんかその部族、実存的ですね！

そうかもね（笑）。一方、西洋世界では伝統的に「時間は弓矢のように直線的に進むもの」だと考えられてきた。ここには、キリスト教の影響が色濃くあって、実際、キリスト教では、人類は「始まり」から「終わり」に向けて一直線に進み、その終点には最後の審判があるとしている。

あ、最後の審判、聞いたことがあります。人間の歴史の最後に神さまが裁判をやって、善い人と悪い人を選別して天国行きか地獄行きかを決めるやつですよね。

そう、その考え方に従うなら、当然、重要事項は、歴史の最後すなわち未来にある。ゆえに、人間は来る(きた)べき未来に備えて日々を生きていかねばならない。つまり、常に未来が最優先という未来志向の考え方。これこそが西洋のスタンダードな考え方なんだ。「望むものは未来にある、さあそれに向かって頑張ろう」。で、この未来志向の考え方は、西洋的な近代教育を受けて育った僕たち日本人にも強く受け継がれている。

受験勉強とか、そんな感じですよね。たしかに思い起こせば、何かにつけて「将来困るぞ」と未来を脅しに使われて教育されてきたような気がします。でも、それって悪いことでしょうか？　まさにその教育のせいかもしれませんが、「未来に向けて頑張って生きる」のなんて当たり前のような気がするのですが。

いや、もちろん、未来を考えること自体は必ずしも悪いことではないよ。実際、

「未来に何か素晴らしいことが起こる」もしくは「未来に何か悲惨なことが起こる」、そういったニンジンが目の前にぶら下げられれば、人間は必死に走ることができる。だからその意味では、未来という幻想のニンジンは、人を動かす原動力であるとも言える。ただし、そうは言っても所詮は幻……、そのニンジンは非現実なものにすぎない。だから、いつか魔法は解け、その効果も失われてしまう。

え！　ニンジン……、えっとつまり、「未来」の効果がなくなっちゃうんですか⁉

うん。だって、人は年老いるからね。アキホちゃんは、今は若いから、未来に何か素敵なことが起こるかもと希望が持てるかもしれない。でも、いずれはアキホちゃんだって年老いるわけで、その美貌も能力もすべて失われていき、当然、寿命も近づいてくる。そのうち、アキホちゃんも気がつくはずだよ。もはや「到達できる未来」が限られてくることも、「残り時間としての未来」が少なくなってくることも。

あ、たしかに、時間が一直線だと、「今」がどんどん終点に近づいていくから、

未来はどんどん少なくなっていきますよね。

まさに、そうなんだ。

(1) 時間は「始まり」から「終わり」へと一直線に向かって進む。
(2) 未来には目指すべき何かが待っている、それに向かって頑張って生きよう。

という この二つの考え方の組み合わせは、実は、構造的に元から破綻する運命にあるんだ。未来は、残り時間や選択肢の可能性が減れば減るほど、その魅力(価値)を失わざるをえない。だから、この構造すなわち「残り時間が減っていく構造」では、遅かれ早かれ、「未来」というニンジンはいつか必ず価値を失う。それはつまり、「未来」が僕たちに「生きる意味」を与えてくれなくなる日が来るということなんだ。

なるほど、美味しそうなニンジンが、時間が経つにつれてだんだん透明になって最後には消えていく感じですね。

そう。でも、なかなか人はそれに気がつかない。まるで無限に未来があるかのように振る舞い、ぼんやりと未来を夢想して日々を過ごしてしまう。そこでニーチェは、この西洋の伝統的な時間概念に逆らって、あえて時間をぐるっと円にした。つまり、時間を「直線」ではなく、「円」で考える時間概念を提唱したんだ。

西洋とニーチェの時間の対比

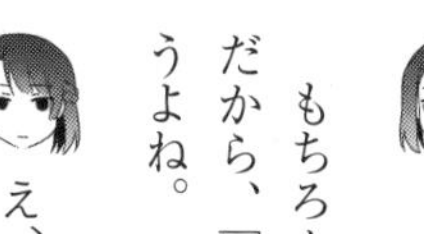

すると、未来はどうなるんですか？

もちろん、未来は価値（意味）を失う。だって永劫回帰は同じことを繰り返すだけだから、「いつか何かが起こるぞ！」といった未来への過剰な期待はなくなってしまうよね。

え、未来に価値がなくなっちゃうなら、直線の場合と同じじゃないですか!?

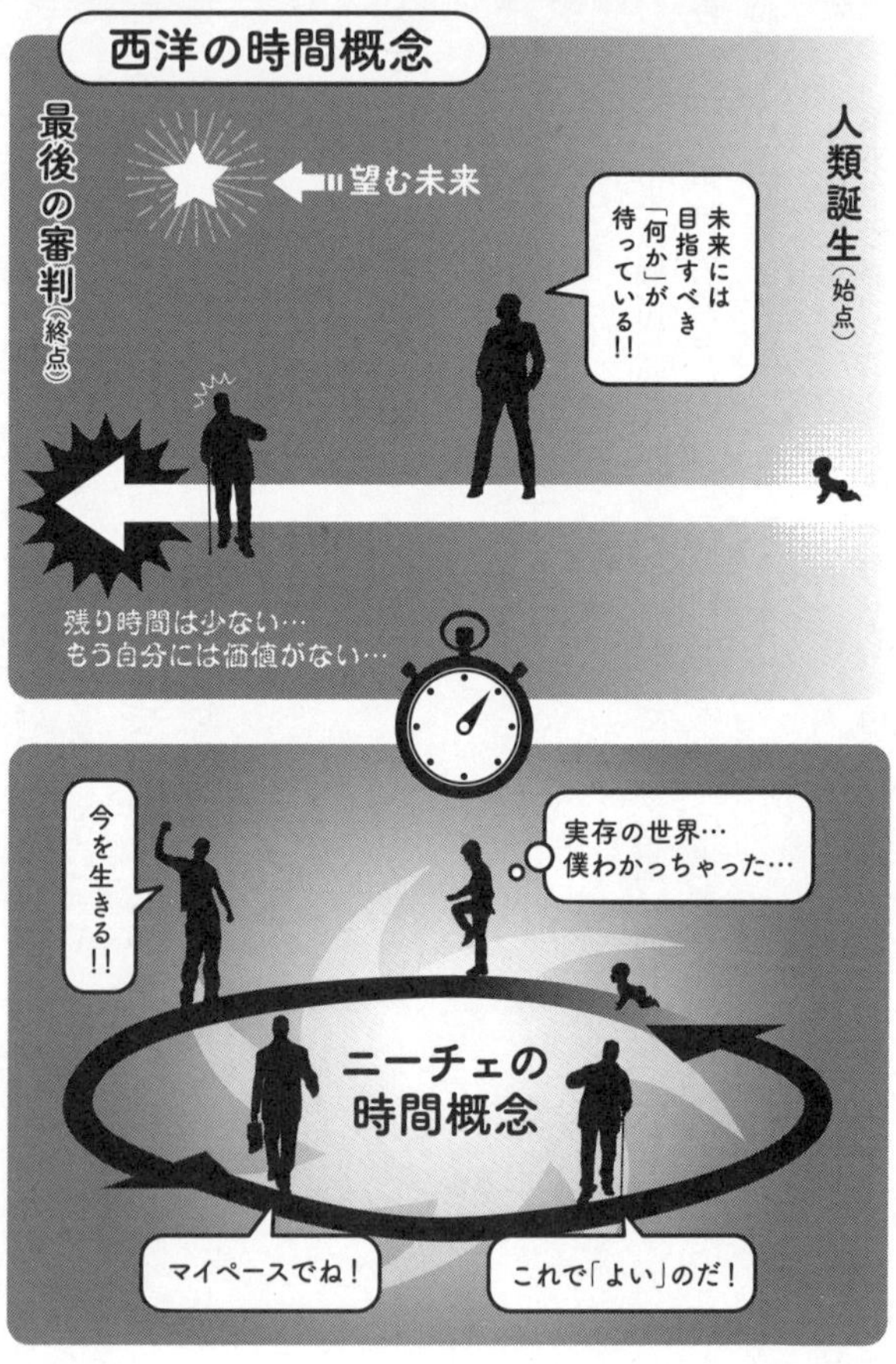
時間を「直線」でなく「円」で考える
西洋の時間概念
最後の審判（終点）
望む未来
人類誕生（始点）
未来には目指すべき「何か」が待っている!!
残り時間は少ない…
もう自分には価値がない…
今を生きる!!
実存の世界…
僕わかっちゃった…
ニーチェの時間概念
マイペースでね！
これで「よい」のだ！

いやいや、「未来に価値がなくなる」という結果だけみたら、変わらないかもしれないけど、直線の場合は「そのことに気がつきにくく、あとになってからわかる」が、円の場合には「そのことを強制的に今すぐに気がつかせる」という大きな違いがある。つまり、円、すなわち永劫回帰の時間モデルの方は、僕たちに「未来に価値（意味）がないこと」をわかりやすくガツンと突きつけてくれるんだ。

これって黒哲学のいつものやつですよね。「〇〇に意味はないぞ」パターン。人生に意味はない、道徳に意味はない。これに続いて、今度は「未来に意味はない」ですね。

そうそう。結局のところ、その否定こそが黒哲学（実存哲学）の真骨頂。「神」にしろ、「道徳」にしろ、「未来」にしろ、黒哲学は「非現実なニンジンの誘惑」をいっさい拒否する。そして、ニンジンにつられて気持ちよく走っている人の首根っこを捕まえて、そのニンジン（幻想）の正体を暴き、無理やり立ち止まらせてしまうんだ。

まさに私が今そうなってます！　仕事で成功してチヤホヤされたいとか、自慢できる恋人を見つけて結婚したいとか、そういうニンジンを無理やり叩き落とされました！　黒哲学はなんでそんな意地悪なことをするんですか？

それは、ニーチェたち実存主義の哲学者たちが、「社会や伝統が押し付けてきた、いつか消えてしまうニンジン（幻想、架空の価値観）につられて、夢見心地のまま、わけもわからず走るような生き方」は、人間本来の生き方ではないと考えるからだ。

人間本来の生き方……。

実存哲学は、「現実の存在」すなわち「実存」を重視する。ゆえに、次の生き方は当然、是（ぜ）としない。

・すでに存在していない過去の中で生きること。
・いまだ存在していない未来の中で生きること。
・脳内で生み出された「言葉（記号）の世界」の中で、ぼんやりと生きること。

・他人から与えられた非現実なものを「よい」と思い込まされて生きること。

これらは、結局、空想上の世界で生きているようなものだと言える。だからこそ、実存哲学が是とする生き方はこうなる。

・現実に存在する今の中で、現実に存在する世界と自分を、自らの意志で「よい」と肯定して生きること。

もし、アキホちゃんが「空想の世界で夢見心地で生きること」がよくないと思うなら、後者の生き方をするしかない。というか、これって、よく考えたら「実存」として当たり前の生き方、つまり、人間本来の生き方だと言えるんじゃないかな？

たしかに……、あの「三分間」を体験した今となっては、特にそう思います。

もちろん、夢見心地をやめる以上、現実の不条理もいやおうなく目に入ってくる。世界は、人間の都合なんか気にかけてくれない。事故にあったり、病気になったり、無慈悲な現実を突き付けてくる。でも、それでも……、幸運も不運も、必然も偶然も、すべて受け止めて「今」を味わって生き……、そして死の間際においては——

「ああ、人生とはこういうものだったのか！
ならば、よし、もう一度！」

と永劫回帰を望む……！　そんなふうに、すべての運命を自らの意志で肯定できる「超人」になる以外、この不条理な世の中で「生きていてよかったと言える人生」「本来の人生」というものは起こりえないのではないだろうか。

死の間際に永劫回帰を望む……。私にも、いつかそんなことが願える日、超人になれる日が来るんでしょうか……。

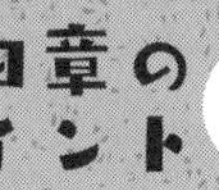

Ⅳ 第四章のポイント

★「**永劫回帰**」は、「**最強最悪のニヒリズムの世界**」であり、宇宙全体が永遠に同じことを繰り返すことである。

★永劫回帰の理論的説明については、「**フィクション（方便）**」であると割り切って細かいことは気にしない。

★「**永劫回帰**」を乗り越えるには、「**今、この瞬間を力強く肯定して生きよう**」という強い意志が必要である。また、そういう意志を持つ人間を「**超人**」と呼ぶ。

★「**未来に目指すべき何かがある**」という西洋的な思考法はいつか必ず破綻する。現実の「**今この瞬間**」を肯定して生きていくことが大切である。

大いなる正午、力への意志

それでも哲学を学べば生き方が変わる

さて、ニーチェの哲学や黒哲学（実存哲学）について、主要な概念はひと通り説明し終えたつもりだけど、どうかな、アキホちゃん？

まだ細かいところは、あやふやかもしれませんが、だいぶイメージはつかめたと思います。せっかくなので、要点をレポートとしてまとめてきました。

(1) 人間は、社会（他人）から押し付けられた「架空の価値観」に振り回されて、自分が不幸だと思い込みがちである。

(2) そもそも、人間は、意味も目的もなく世界に放り出された「現実の存在（実存）」であり、あらかじめ人間自身に設定されている意味や価値などない。

(3) であるのだから、「社会から押し付けられた架空の価値観」にとらわれて、不幸になんかならなくてよい。

(4) しかし、だからといって、すべての意味（価値）を否定してしまうと、人間はニヒリズムに陥り、生の高揚感（充実感）を失ってしまう。

（5）ならば、いっそ「ニヒリズムの世界」をまるごと受け入れ、自分の意志で「今この瞬間」を肯定して生きよう。

おお、すごく端的によくまとまっていると思うよ。これなら十分に黒哲学の要点を押さえられたんじゃないかな！

ニーチェの哲学を学んだきっかけ

じゃあ、ニーチェの哲学の講義は終わりってことで、最後に質問があれば答えるけど、何かあるかな？

えーと、そうですね……。では、先生がニーチェの哲学を学んだきっかけについて教えてください。

え、僕の？

はい。あと、先生がニーチェの哲学を知ってどう人生が変わったのかも聞きたいです。

いや、それは個人のプライバシーの問題というか、僕の実存に深く関わりすぎてることなので、この場で話すのはちょっと……。

いえ、教えてください。ニーチェの哲学、黒哲学（実存哲学）がどういうものかは、だいたいわかったつもりです。でも、それが具体的に人生にどう影響をするのか、そういう具体例を知らなければ、所詮は上っ面を知ったことにしかならないと思うのです。

え、そうかな⁉　うーん、まあそういうことなら……。えっと、まず僕が哲学を学んだきっかけだけど、実は、その……、高校生のとき、好きだった女の子がたまたま哲学に興味のある人だったんだ……。

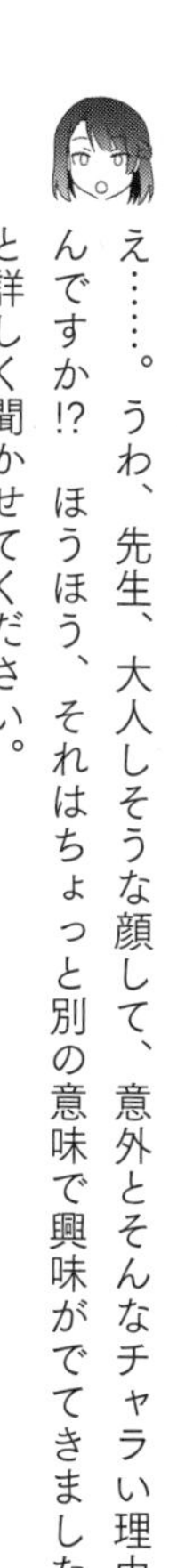

え……。うわ、先生、大人しそうな顔して、意外とそんなチャラい理由だったんですか!?　ほうほう、それはちょっと別の意味で興味がでてきました。もっと詳しく聞かせてください。

あと、これはあまり話したくないことで、ネット含めて公に言ったことは一度もないんだけど……実は、僕、吃音（きつおん）障がい者なんだ。

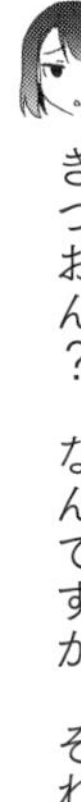

きつおん？　なんですか、それ？

簡単に言うと、「こんにちは」と話すときに、「こ、こ、こここんにちは」と、どもってしまう症状。ようは、一種の言語機能障がいだね。僕は、子供の頃から、この症状にずっと悩まされてきたんだ。

そうだったんですね。全然気づきませんでした。

それはまあ、ここは、本の中の世界だしね……。ありがたいことに、なんの心配もなく、気楽に話させてもらってるよ。ちなみに、吃音には、ざっくり言うと、次の三種類の症状がある。

伸発型（しんぱつ）：「こーーんにちは」と伸ばしてしまう症状
連発型（れんぱつ）：「こここんにちは」と繰り返してしまう症状
難発型（なんぱつ）：「こっ！　こっ！　こぉ！」と詰まって話せなくなる症状

で、僕は、この中で、症状としては一番重くて辛いと言われている「難発型」だったんだ。

これって……会話できるんですか？

できたり、できなかったりかな。吃音って、話すことは頭の中でわかっているのに、なぜか最初の一文字目がうまく声として出てこない症状なんだ。難発型の場合、そこを無理に話そうとすると、口元を思いきり歪めて、必死の形相で「やっ！　やや！　やっ！　やっ！　すみません！　やっ！　やっ！　ややや！　あ、あの！　やっ！　やっ！」という感じで会話が止まってしまうんだけど、これを入学時のクラスの自己紹介とかでやったりするともう最悪で……。クラスメイトの「は？　何こいつ？」の視線がいっせいに突き刺さり、それに焦ってパニックになり、なんとか言葉をひねり出そうとして、また「やっ！　やっ！」と繰り返してしまう。

思春期でそれって……かなりキツいような……。

うん。死ぬほどキツかったよ。だから学校にいる間は、ずっと緊張してた。休み時間はもちろん、授業中でも気が抜けない。いつ先生に当てられるかわからないからね。特に、教科書を生徒に読み上げさせるタイプの授業なんかは開始からパニックで、自分の番が回ってくるまでずっと心臓がバクバクしてた。で、ついに自分の番がくる。失敗を期待してニヤニヤしてる意地悪なクラスメイトたちが見守る中、緊張でこわばった顔で立ち上がる。案の定、最初の言葉が出てこない。その場で固まってると、何人かの失笑が聞こえてくる。それでもう心臓が握り潰されたように苦しくなるんだけど、なんとかしなくてはいけないからと意を決して読み上げる。「はっ！　はっ！　はぁっ！　えー、はっ！　はっはるは……あっ、ああっあけぼの！」。当然、みんな爆笑。もう本当に死んでしまいたいくらい、毎日ツラくてツラくてたまらなかった。

あの、聞いていいかわからないのですが……、やっぱりいじめられたりしてました？

まあ、そこはね。ほら、中高生の頃なんて、背が低かったり、運動ができなかったり、性格がちょっとオドオドしてたりするだけで、過剰にからかわれたりするじゃない。それでいうと僕なんかは、背も低くて運動もできない上に、さらに吃音症で、オドオドしてたわけだからね……。具体的なことは引かれるから差し控えるけど、ふっ……まあ僕に基本的人権なんてなかったね……。

なるほどです、お察しします……。

ちなみに、中学校時代のあだ名は「シラガ」。毎日が地獄だったせいか、中学生にして髪の毛が白髪だらけでさ。あ、そうそう、あと高校時代のあだ名がこれまたひどくて。

もう、その手のエピソードはいいです！　引きますから！

で、そんな状況の中、高校生になって彼女に出会ったんだ。まあ、出会ったといっても、同じクラスで、たまたま席替えで隣になっただけなんだけどね。

さっき言ってた哲学に興味がある女の子ですね。どんな人だったんですか。

彼女は、耳に障がいがある子だった。

え!?　……あの、この話って、漫画とか映画の話じゃないですよね。もしくは、映画化決定を狙っていたり。

いや、そういうんじゃなくて、本当に実話だよ。もっとも、その子は完全に耳が聞こえないわけじゃなくて、聞こえにくいという程度の症状ではあったのだけど。でも、その関係で、その女の子には友達がひとりもいなかったんだ。誰とも話をせず、朝から一人で本を読んでいて、授業中も先生に隠れてずっと読書してた。しかも、その上で、放課後は図書室にこもってやっぱり読書。いわゆる活字中毒みたいな生活をしてた人だった。

へー、で、高校生だった先生はその子のことを好きになったんですね。

そうだね。もしかしたら、耳に障がいを持つ、つまり、自分の劣等感を刺激しない特徴を持つ人だったから好きになったのかもしれないけど……、でも、当時は本当に本気で好きだった。

告白はしたんですか？

いや、結局しなかった。でも彼女とは、とても仲良くなれて、授業中にこっそり手紙のやりとりをするような関係になったんだ。で、そのやりとりの中で、僕は生まれてはじめて「会話」それも「知的な会話」の楽しさというものを知る。なにせ彼女は、ものすごい読書家だったからね。

ふむふむ。で、先生はその子にさらに気に入られようと哲学の本を読むようになったと。

身も蓋もなく言うとそうだね（笑）。彼女の後を追いかけて、僕も毎日、放課後に図書室に通い、彼女が読んでたのと同じ本を探して読むようになった。

自分の意志の存在を疑う

ちなみに言うと、彼女と出会う前までは科学関係の本、特に脳科学の本をよく読んでいた。

脳科学？

うん、やっぱり自分が吃音症だったから脳の構造に興味があってね。たとえば、脳のどこが機能しないとこうなるのか、とか。それと、あと自分の意志の存在に疑いを持っていたことも、脳科学にひきつけられた要因だと思う。

え、自分の意志の存在を疑う？　どういうことですか？

えっと、実はこれ、「吃音症あるある」なんだけど、吃音症の人って「言い換え」をうまくやれば、結構、会話ができたりするんだ。で、この「言い換え」っていうのは……、えーとそうだね……、アキホちゃん、ちょっと「五十音の表」を思い浮かべてみてくれないかな。

五十音の表って、「あいうえお」とか「かきくけこ」とかが並んだ表のことですよね。

うん。それで、その表のうち、「ア行」と「カ行」が黒く塗りつぶされていると思ってほしい。で、その黒くなった「ア行、カ行」から始まる単語を、僕は絶対に言うことができないんだ。

「ア行、カ行」から始まる単語……、たとえば、「イヌ」とか「カエル」とかですか？

そうそう。それらの単語の発話は、どうしても「いっ！　いっ！　いいいいい！」「かっ！　かかか！　かかっ！」となってしまう。その一方で、「ア行、カ行」から始まらない単語……たとえば、「スイカ」なら、スッと言える。

へー、不思議ですね。「スイカ」の文字の中に「ア行、カ行」が含まれてるのに。

そうなんだ。「イカ」は言えないけど、「スイカ」は言える。不思議だよね。だからようするに、吃音症は「言い始めの一文字目にだけ、呪いのようなロックがかかっている症状」だと思ってもらえばいいと思う。で、まあそう言うわけだから、逆に言うと、「ア行、カ行」から始まらない単語だけを使えば、実はみんなと同じように会話ができるんだ。

でも、「ア行、カ行」から始まる単語が使えないって、結構不便じゃないですか？　たとえば、「犬を、飼ってる」とかは言えなくなるわけですよね。

そういう場合は、「ア行、カ行」から始まらない、別の単語で言い換えて話すんだ。「ワンワン鳴くやつと、生活してるよ」とか。

ちょっと微妙な言い回しですね……。

そう……。普通に言えばいいところを、無理に言い換えるから、たいてい、不自然でちょっと頭の悪そうな表現になる。周囲からは「なにその言い方（笑）」って感じで笑われるけど、「いっ！　いっ！　いいいいい！」となって引かれるよりは絶対マシ。だから、どうしても、この「言い換え」による会話が日常化していくんだ。もっとも、自己紹介で「名前」を言うときみたいに、「言い換え」が許されないシチュエーションだとまったく使えないんだけどね。

ところで、アキホちゃん、今までは話をわかりやすくするために「言い始めとして使えない文字」を「ア行、カ行」だけに限定していたけど、実は、この「使えない文字」って固定されてなくて数分置きに変わっていくんだ。

え、そうなんですか！

うん。もういっかい五十音の表を思い浮かべてみてほしい。ようは、この表の「使えない文字」、つまり、黒く塗りつぶされている部分が、時間とともに、しかもランダムに、どんどん移り変わっていくイメージだね。だから、今まで「スイカが、好き」とすんなり言えていても、あるとき急に、スから始まる単語が言えなくなる。そうすると、今度は、たまたまそのときに言える別の単語で「言い換え」をしなくてはならない。たとえば、「ミドリの夏の果物が、好物なんだ」とか。

うわ、大変そう。

うん。ちなみに、その「使えない文字」の数は、日によって減ったり増えたりする。調子が良い日は楽なんだけど、五十音の表が、ほとんど真っ黒な日もあって、そんな時はもう大変。不自然な「言い換え」どころか、どんどん会話が虚言になっていく。

虚言……ウソってことですか？

そう。言える単語の種類が極端に少なくなって、それでもなんとか会話を止めないように「言える単語」だけで話を作ろうとすると、どうしてもそうなってしまうんだ。たとえば、「好きな食べ物はなに？」と聞かれて、「か……エビ」と答えるような感じ。本当は、「カニ」って言いたかったのだけど、「か！　か！」ってなりそうな気配を感じ取って、急遽、たまたま言えそうだった「エビ」と答えてしまう。

え、これって……好きな食べ物の話ぐらいなら大丈夫ですけど……、もっと重要な話題だったりしたらやばいですよね。

うん、マジでやばい。でも止められないんだ。吃音症の僕にとっては、人前で口を歪めて「か！　かっ！　かかか！」ってなるのは本当に惨めで恐ろしいことなんだ。だから、熱い炎から夢中で逃れるように、無理やり会話をつなげ、結果として「思ってもいないこと」を人前でペラペラと話してしまう。そんな体験が日常的にあったら、そりゃあ疑いたくなるよね？　僕ってなに、僕の意志はどこにあるの、と。それで、僕は、自分の脳の動きを知りたいと思うようになり、脳科学の本を読みあさるようになったんだ。

その流れからの脳科学なんですね。

そう。で、脳科学を学んだ結果……、僕の世界は「ニヒリズム」につつまれた。

え！　虚しくなったんですか？

うん、だってほら、脳科学って、結局、人間の精神や行動を、すべて「脳という機械の動き」に還元して説明する学問のわけでしょ。それはたしかに僕に一定の慰めをくれた。僕が吃音症なのも、人前でウソをつくのも、すべて「脳の構造上の問題」だと言うことができるから。でも、そうやって脳科学を勉強して、脳の構造を理解して、自分の内面の問題をすべて「脳のせい」にして生きてみても、自分が不幸であることについては何も変わらなかったんだ。

まあ、それはそうですよね。脳の模型図を持ってきて、「ここの部分がこうなっているから、私はこうなんです」と説明できるようになったとしても、現実は何も変わりませんものね。

そうだね。この「脳のせい」は、「身体のせい」「環境のせい」「生まれのせい」「親のせい」「吃音症に配慮しない社会のせい」とか、別の「何かのせい」に置き換えてもかまわない。自分の不幸が「何かのせい」だということがわかっても、それが直接的に解決を導かないものであるなら、その知識は「虚しさ」しか生まない。いや、むしろ、その知識によって不幸は揺るがしがたい「事実」となり、自分の人生に固定化されてしまうんだ。

なるほどです、脳科学では救いは得られなかったわけですね。

そういうことだね。でも、そんなふうに悩んでいるとき、僕は図書室でニーチェの哲学に出会ったんだ……。

誤解されやすいニーチェの差別的発言

耳に障がいを持つ女の子との出会いを通じて初めて読んだニーチェの哲学書、それらはどれも衝撃的だったことを覚えている。哲学入門書だとたいていスルーされていることだけど、実は、ニーチェは自分の著作の中でかなり過激で差別的なことをたくさん書いていたりする。それはもう、善人や弱者を軽蔑し、欲望まみれの悪人を賛美するような反道徳的な内容から、たぶんここに引用したら怒られるような偏見に満ちた男女差別（男尊女卑）的な内容まで。

え、そんなひどいことも書いているんですか？

うん、今の常識や価値観からするとまったく受け入れらないような過激なこともニーチェはいっぱい言っているんだ。きっと、ニーチェが今の時代に生きていたら、SNSで炎上しまくってるんじゃないかな（笑）。でもね、発言の一部だけを切り取るんじゃなく、ちゃんと全体の文脈を把握して読めば、決してニーチェが差別的な人間ではないこともわかってくる。たとえば、ニーチェの男女差別発言。ニーチェは、「今の男社会は男が勝ち取ったものなんだから、男は勝利者として思うままに利益を享受すれば良くて、いっさい女に配慮するべきではない」的なことを言っている。

いやいや、それは明らかにひどい発言ですよね。

そうかもしれないけど、でもその発言は裏を返せば、「女がそれを気に入らないなら実力で勝ち取ればいいだろ、かかってこいよ！」って話だから、ある意味すごく「対等」な発言だと言えるんじゃないかな。だって、逆にこう言われたら、ムカつかない？　「女は、能力的に男より劣っていてかわいそうだから、積極的に社会に入れてあげましょう」。

うわ、それはムカつきます！

でしょ。「飲茶くんは、吃音症でお友達がいなくて、かわいそうだから、みんな積極的に班に入れてあげましょう」と同情されるような話だよ。

そのたとえは、引きます！

もちろん、ニーチェのその発言が必ずしも正しいとは僕も思わない。ただ、ニーチェは「この世に、同情より愚かな行為はない」「同情する人々には羞恥心(しゅうちしん)がない」というぐらい、「同情」というものをとても毛嫌いしていた。だからあえてそう言ったのだと考えると、逆説的に、むしろ「非差別的な発言」だと言うこともできるんじゃないかな。

なるほど、そういうことならわかります。でも、この発言だけ切り取られて見せられたら、もしかしたらニーチェのこと嫌いになってたかもしれませんね。「なんだ、こんな人だったんだ」と。

そうだね。だから、今のSNS時代だと、ニーチェは生きづらかったかもしれないね。基本的にニーチェは道徳とか平等とか、世間一般で「善い」とされていることを容赦なく批判する人だから。

善人の親切を奴隷道徳と言ったり、天下のキリスト教を真っ向から批判するぐらいですものね。

でも、一方で、常識や誤解を恐れず言いたいことを言うその姿勢は、当時、クラスメイトの顔色をうかがいながら萎縮して生きていた僕に大きな勇気をくれたんだ。

あ、それってなんだか、思春期で初めてロックを聞いたときみたいな話ですよね。

なるほど、うまいたとえだね。思春期にニーチェの本を読んだときの衝撃って、「みんなと手を取り合って仲良く踊ろう」みたいな歌ばかり聞いていた少年が、突然「同情する奴ぁぶっ殺せ！　神は死んだ！　神は死んだ！」みたいなロックを初めて聞いたときの衝撃に近いかもしれないね（笑）。ちなみに実際の音楽で言ったら、僕は「黒夢」とか「ラルク」だったかなあ。

私はやっぱり浜田省吾ですね、『ＭＯＮＥＹ』とかしびれました。

え……古くない？（汗）。

そういう先生は、年齢ごまかしすぎです！

事実はない、存在するのは解釈のみ

たしかに、ニーチェは、悩める僕の日常に突如舞い降りたロックスターみたいなものだった。社会やみんなが「善い」と押し付けてくるものの正体を暴き、それらを徹底的に破壊する彼の過激な言葉は、僕の中で固まっていた常識を壊してくれた。いや、常識を疑う目を養ってくれたと言った方がいいかもしれない。ちなみに、当時、僕が一番感銘を受けたニーチェの言葉がこれだ。

「事実というものは存在しない。存在するのは解釈だけである」

え、事実はない？　事実は、間違いなくあると思うんですけど。というか、間違いなくあるから「事実」なんじゃないですか？

じゃあ、たとえば、アキホちゃん、目の前のテーブルの上にリンゴがあるよね。これって事実かな。

もちろん、事実です。誰がどうみても間違いなくリンゴがあります。

いやいや、実はそれは、アキホちゃんが「そう解釈しているだけ」なんだよ。と言ってもなかなか納得できないだろうから、そうだね、リンゴの前に、まず「色」で考えてみようか。「このリンゴは赤い」、アキホちゃん、これも事実だよね。

はい、そうですね。

でもさ、「赤い」っていうのは、僕たち人間が「ある周波数の光が目に入ったときに赤く見える」から「赤い」と言っているだけであって、「このリンゴが赤く見えない生物」だっていてもいいわけだよね？

まあそうですね。たまたま人間という生物が、そういう色で見てるだけの話ですから、まったく違う色、その生物オリジナルの色でこのリンゴを見てる生き物がいてもおかしくないと思います。

でも、そうすると「このリンゴが赤い」は、客観的な事実としてこの世界に存在しているわけではなく、人間というローカルな種族における「解釈」ってことにならないかな？

あ、そうか……そうなりますね。

しかも、この話はさらに言えば、「この世界には、赤いモノは存在しない」、いや、もっとさらに言えば「この世界には、そもそも色がついたモノは存在しない」という結論にまでつながる。ちょっと、アキホちゃん、「赤い」「青い」という色を、見ている人が勝手にモノに張り付けた「ラベル（シール）」だと考えてみてほしい。ラベルなんだから、何を貼り付けるかは見ている側しだい。人間は「赤い」ラベルを貼り付けるかもしれないし、別の生物は全然違う「青い」ラベルを貼り付けるかもしれない。ただ、何を貼り付けようと、モノの側にしたら何も関係ないよね。

そうですね、なに勝手に貼り付けてんだよ、って感じですよね。

うん。だから、むしろラベルを外した状態の方が、本来のモノの姿だとも言える。だが、ここで問題は、たいていの場合、ラベルを貼ってる側はそのことに無自覚で、「自分でラベルを貼ったくせに、最初からラベルが貼られたモノがそこにあった」と思いがちなんだ。

あ、たしかに。実際、私も、「リンゴが赤く見えるのは、赤いリンゴが事実としてそこに存在してるからだ」と思ってました。でも、それは違うわけですよね。リンゴは本来、赤いわけではない……。赤いは「見ている側の解釈」にすぎない。なんか変な感じですが。

そうだね。僕たちは日常的に「赤いリンゴ」「色がついた世界」を見ているから、モノには色がついてるのが当たり前で、それを急に「モノに色はない」と言われても、「え?」ってなっちゃうよね。さて、そうなったところで、さらに先に進もう。今、「色」の話をしたけど、これは「甘い」とかの味も、「丸い」とかの形でも、まったく同じ結論になるよね?

味と形？　うーん、「甘い」とかの味は、たしかにそうだと思いますが、「丸い」とかの形もそうなんですか？　「丸い」のは、事実として「丸い」から「丸い」ような気もしますが……。

いやいや、それだって、「丸く見えるように見ているから丸い」のであって、人間とは違う形式で空間を捉えている生き物がいたら、きっと僕らにとって丸いモノが、彼らにはぜんぜん丸くないはずだよ。だから、つまり、「丸い」も、モノに貼り付けられた取り外し可能なラベルのひとつにすぎないんだ。さてさて、それではついに本丸にいこうか。今、「赤い」「甘い」「丸い」は、ラベルにすぎないという話をしてきたけど、実は「リンゴ」もそうなんだ。

え、リンゴも……ラベルということですか？

どうかな、イメージつくかな。

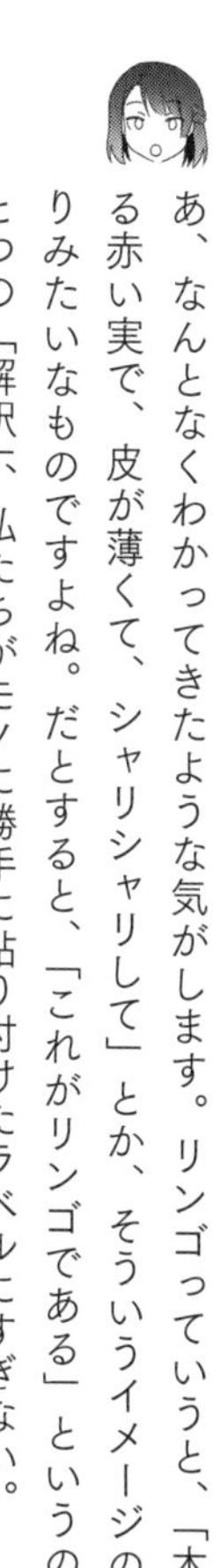

あ、なんとなくわかってきたような気がします。リンゴっていうと、「木になる赤い実で、皮が薄くて、シャリシャリして」とか、そういうイメージの集まりみたいなものですよね。だとすると、「これがリンゴである」というのもひとつの「解釈」、私たちがモノに勝手に貼り付けたラベルにすぎない。

そうそう、そういうこと。だから、つまり、

「世界の中に『リンゴがある』という絶対的で客観的な事実があり、私はその事実を認識した」

という世界観は実は成立していなくて、

「目の前にあるその『何か』を、たまたま私は『リンゴである』と解釈した（そういうラベルを勝手に貼り付けた）」

というのが正しい世界観なんだ。なお、ニーチェは、このことを「遠近法的思考」

という用語を使って説明している。

遠近法って、あの絵を描くときの遠近法ですか？

そう。近くのものは大きく見えて、遠くのものは小さく見えるでおなじみの遠近法だよ。実は人間の思考や認識も、この遠近法と同じで、「自分にとって関わりの近いものは重要に見えて、関わりが遠いものは些細に見えるものだ」とニーチェは言っている。

あ、それはよくわかります。自分が興味のないものは、ほとんど目に入ってこなかったりしますよね。

そうそう。そんな感じで、常に僕たちは、認識の対象を自分の立場や価値観によって「こういうものだ」という「解釈（意味付け、ラベル付け）」をしてとらえているにすぎない。逆に言えば、最初から「こういうものだ」と意味付けが固定された物事（事実）なんて世界には存在しないということなんだ。

「人としてこうあらねばならない」などない

さて、この遠近法的思考……、すなわち、世界にはあらかじめ固定された「事実」は存在せず、すべては見る側の立ち位置によってそう見えているだけの「解釈」にすぎない、というニーチェの主張だけど、この考え方は、高校時代、悩んでいた僕の心を救ってくれたんだ。

おお、それはどのようにしてですか？

まず、当時の僕は、ただの「解釈」にすぎないものを「絶対的で客観的な事実」だと思い込んで、自分自身をがんじがらめにしていた。なんというか、「人としてこうあらねばならない」というひとつの解釈をまるで「宇宙の絶対的な法則」であるかのように思い込んでいたんだ。具体例をあげれば、たとえば、「人に会ったら挨拶をする」とか。

挨拶？　「おはよう」とか「こんにちは」とかの挨拶のことですか？

そう、その挨拶。僕はそういう挨拶を「しなくてはならない」とずっと思い込んでいたんだ。

え？　いやいや、挨拶はしなくちゃいけないですよね。というか、して当たり前というか。

そう、まさにそれ！　その「して当たり前」「やって当然」というその感じ！　それって、つまり「挨拶は常識」ってことだよね？

まあ、そうですね。挨拶するのは、普通に常識だと思いますよ。逆に、挨拶しなかったら「常識がない」と思われてしまうでしょうし。

うん、そうだよね。でも、僕はずっと挨拶ができなかったんだ。

え、どうして？　……あ、そうか、吃音症だからですよね。

そう。そもそも、挨拶って、なかなか「言い換え」ができないんだ。たとえば、「おはようございます」はそれしか言いようがない。

たしかに。グッドモーニングと言うわけにもいきませんよね。

そう。だから、相手から「おはよう」と挨拶されても、「おっ！　おっ！」となりそうだと、僕はその場で黙ってしまうことが多かった。

そうすると、相手は……。

やっぱり怪訝（けげん）な顔をするよね。おはようって言ったのに返事がかえってこないわけだから。たいていは、変人を見る目で見てくる。人によっては、怒り出したりすることもあったかな。まさしく、「常識がないぞ」という感じで。

それは、まあ……そうなりますよね……。

もちろん、それで僕はメチャクチャ落ち込む。「ああ、どうして僕はこんな簡単なこともできないのだろう、また常識のないおかしなやつだと思われてしまった」と。

いや、でも、それは先生が悪いわけじゃないですよ。その……、身体の問題なのですから、仕方ないというか何というか。

ありがとう。でも、残念ながら当時の僕はそうは考えられなかった。だって、アキホちゃんも言ってたように、挨拶は「して当たり前」「しなくてはならないこと」だから。「しなくてはならないこと（挨拶）は、しなくてはならない」。僕自身がそう思い込んでいる以上、それができなかったときは、本当に恥ずかしくて惨めだった。

しなきゃいけないことができない……。それはたしかに、へこみますね……。

そう。たったそれだけのことが、どれだけ人を追いつめ、不幸な気持ちにさせるこ
とか……！　そもそも、僕にとって挨拶のような「しなくてはならないこと」という
ものは、すべて苦しみの原因になっていた。たとえば、電話をとったら、五秒以内に
「もしもし」と言わなければならない。廊下で向こうから顔見知りがやってきたら、
軽い受け答えをして自然にすれ違わなくてはならない。自己紹介では自分の名前と趣
味を、ハキハキと笑いも入れつつ適切な長さで語らなくてはならない。……でも、僕
にはできなかった。それらはみな、「しなくてはならないこと」「できて当然のこと」
なのに、みんなと同じようにうまくできなかったんだ。だから、「こんなこともでき
ない自分は、普通の人間ではなく、きっと友達も恋人も就職もできないに違いない」
と思い、毎日を深い絶望の中で過ごしていた。

……。

でも、ある日、ニーチェの哲学、実存哲学が教えてくれたんだ。人間とは、意味も
目的もなく世界に放り出された「現実の存在（実存）」であり、そして世界の中には

あらかじめ設定された意味や価値などないということを。その考えに従うなら、もちろん世の中に「人間としてこうしなくてはならない」という意味付けや価値なんてあるわけがない。それらは、どっかの誰かが勝手に考えた解釈のひとつ、すなわち「非現実な架空の価値観」にすぎない。でも、それなのに、僕の頭の中は、その「架空の価値観（しなくてはならない）」で埋め尽くされ、まさにそれによって不幸になっていたんだ。

あ、それ、背後世界の説明のときに出てきた話ですよね。人が不幸になるのは、社会（他人）から押し付けられた「架空の価値観」に振り回されているからだって。

そうそう。でも、多くの場合、本人はそのことになかなか気づけない。なぜなら、背後世界にあるものは、たいていその人にとって常識であるからだ。「挨拶はしなくてはならない」「人前では明るく話さなくてはならない」「友達の冗談には笑って受け答えをしなくてはならない」、それらが、今たまたまこの時代のローカルな「架空の価値観」だなんてどうして気づけるだろうか。

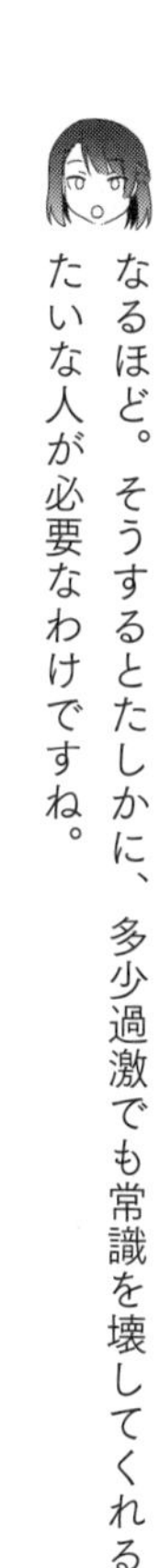

なるほど。そうするとたしかに、多少過激でも常識を壊してくれるニーチェみたいな人が必要なわけですね。

そうだね。でももちろん、その常識が僕の中で破壊されたからといって、何が変わるというわけでもない。相変わらず他人は挨拶を常識だと思って求めてくるし、相変わらず僕は挨拶ができない。現実は変わらない。でも、それでも、挨拶を「しなくてはならない」「して当然」「しなければダメ」と思い込んでいた頃に比べたらだいぶマシ。いつの間にか、死にたいくらいの不幸ではなくなっていたんだ。

実存哲学は理屈で理解してもダメ

さて、ここまでの話をまとめてみると、つまり、こういうことになる。

・社会から押し付けられた「価値観」は、それがどんなに常識的に見えようと、所詮は「解釈」のひとつであり、後から作られた非現実のものにすぎない。それなのに、それをまるで「世界にもともと存在している、覆しようのない絶対的な事実」であるかのように思い込んでしまうことが不幸の原因であった。

これは、今まで繰り返し述べてきたことのおさらいみたいなものだから、アキホちゃんにとっては、もうおなじみだよね。

はい、黒哲学の総まとめみたいな話ですよね。大丈夫です、よくわかります。

黒哲学は、こんなふうに人間が不幸になる構図を教えてくれてるわけだけど、でも、ひとつだけ難しい問題があるんだ。それは、「その構図を理屈でわかっていても、体験しないかぎり本当の理解はできないよ」という問題だ。

体験ですか？

たとえばさっき、「世界には色がない」という話をしたよね。これは理屈ではみんなわかると思う。だって、色は明らかに僕たち側の都合で勝手に見ているわけだから。でも、そうは言っても僕たちは「色付きの世界」しか見たことがないし、見ざるをえない。だから、「世界には本来、色がない」という話を聞いて「なるほど、わかった」と言っても、深いところではピンときていなく、どうしても「へー、そうなんだ」レベルの表面的な理解で終わってしまう。

それは、そうかもしれませんね。色がない話は、なかなか刺激的でまさに「へー」って思いましたが、でもたぶん三日もすれば忘れて、相変わらず「リンゴは赤い」と決めつけて日常を過ごしてそうです。

うん、そうなんだ。さっき僕は、「（挨拶という）常識はこの世界にないんだ！」というニーチェの哲学を知って救われたと言ったけど、実際には、そう簡単な話ではなくて、

「ニーチェの本を読む↓救われた気分になる↓しかし、しばらくすると日常にの

み込まれて忘れる→再び不幸を感じるようになる→またニーチェの本を読む」

というのを何度も繰り返している。どんな名言、格言でもそうだけど、聞いた瞬間は何かがわかった気分になれても、そんな感覚は日が経つにつれてすぐに色あせ、いつもの日常に戻ってしまうんだ。

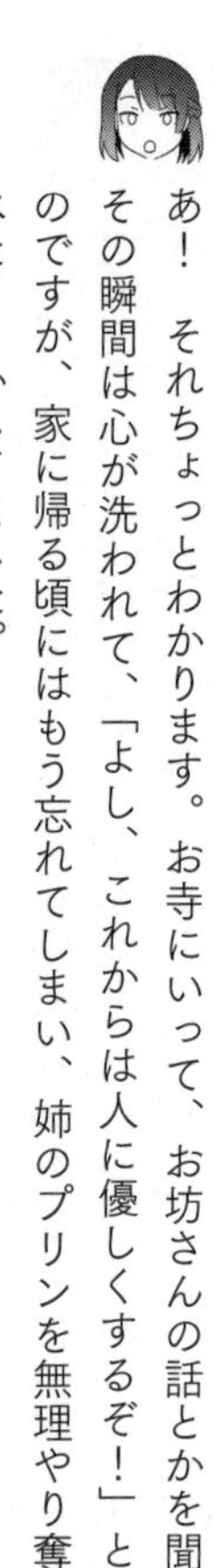

あ！　それちょっとわかります。お寺にいって、お坊さんの話とかを聞くと、その瞬間は心が洗われて、「よし、これからは人に優しくするぞ！」とか思うのですが、家に帰る頃にはもう忘れてしまい、姉のプリンを無理やり奪って食べたりとかしてました。

（お姉ちゃん、かわいそう……）そう。だから人生って、ちょっとよい話を聞いただけで生き方が変わるほど、そんなに甘いものじゃないんだよね。でも、だからこそ、生き方が変わるような方法で知識を得ないと、それはただの「虚しい知識」になってしまう。

では、どうすればいいんですか？

その質問の答えはとても単純だよ。本から得た知識を「言葉の上で理解する」のではなく、実際に「体験」してしまえばいいんだ。つまり、実際に「色のない世界を見てしまえばいい」「常識のない世界を見てしまえばいい」ということ。

え、実際に？　あ、でもそうですね……。「世界には色がない」と理屈で知るよりも、実際に「色がない世界」を体験して「見てしまった」方が、コレでもかってくらい知識が身にしみますよね。

そう。「すべてのラベルが外れた世界」「架空の価値観が消えた世界」など、そういう実存哲学の言う世界観は、理屈ではなく体験してはじめて理解できるものなんだ。逆に言えば、一度でも「ああ、本当にそうなんだ！」と体験してわかってしまえば、それは虚しい知識ではなく、その後の人生を一変するような知識となる。だから、そういう体験をすることが実存哲学においては肝なんだけど、ニーチェの哲学体系の中では、それに相当する体験を**「大いなる正午」**と呼んでいる。

大いなるしょうご？　それって、あのしょうごですか？

そう、あの正午。

つまり……、偉大な……ロックスター……？

いや、浜田省吾じゃなくて！

「大いなる正午」という体験的理解

気を取り直して、「大いなる正午」の説明だけど、これは哲学用語というよりは、ニーチェがある情景をみんなに伝えたくて作った象徴的なイメージ、ようは、たとえ話だと考えればわかりやすいと思う。まず、そもそも、正午って、お昼の一二時、太陽が真上にある時間のことだよね。そうすると、影ってどうなるかな?

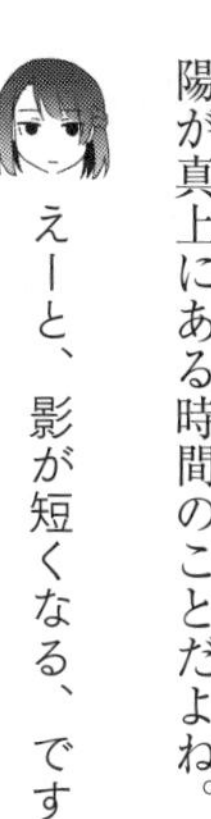

えーと、影が短くなる、ですかね?

そのとおり。夕方は、横から太陽の光が当たって影が長くなるわけだから、その逆だよね。つまり、正午とは、太陽の光が真上から当たることによって「モノの影が一番短くなる時間帯」のことだと言える。で、「大いなる正午」とは、その正午をより極端化した状態。つまりは、「真上からの強烈な光によって物事がすみずみまで照らされ影が極端に短くなり、影そのものが消えてしまった状態」のこと。そういう情景を「大いなる正午」だとして頭に思い浮かべてみてほしい。

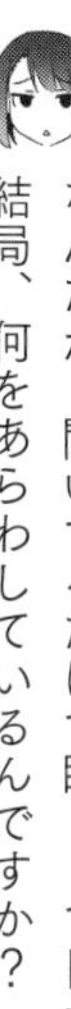
なんだか、聞いてるだけで眩(まぶ)しくて目がくらみそうなイメージですね。それは結局、何をあらわしているんですか?

つまりね、「影が消える」とは象徴的な表現で、世界から「価値観」がすべてなくなった状況をあらわしているんだ。たとえば、善悪という価値観は、「これは善い」

「大いなる正午」すべての価値観（影）が消滅した世界

「あれは悪い」といった「明るい部分と暗い部分」すなわち「影が見える」からこそ、そういう判断ができるわけだよね。でも、それが強烈な光に照らされて、影の暗い部分がまったくなくなってしまったら……、もうどこが善いとも悪いとも言えなくなる。

なるほど、ぜんぶ明るく真っ白になってしまえば、たしかに何がどうとも言えませんよね。あ……、もしかして、これがさっき言っていた「色がない世界」「架空の価値観が消えた世界」になるんでしょうか。

そうそう。まさにそれだよ。ようするに、それらの世界をニーチェは「大いなる正午」という詩的な言葉で表現したんだ。ちなみに、この「大いなる正午」は哲学入門書ではしばしばスルーされがちで、奴隷道徳や超人思想に比べたらマイナーな言葉だと言えるわけだけど、でも、この言葉がニーチェの哲学体系の中でどれほど重要なキーワードであるかは、ニーチェの大著『ツァラトゥストラ』が次のセリフで幕を閉じていることを考えればわかると思う。

「私の昼が始まる！　さあ、こい！　やってこい！　大いなる正午よ！」

ここでいう「大いなる正午がやってくる」とは、それらの世界、すなわち「すべての価値観、すべての意味付け、すべての常識が消え去り、何ひとつ『こうである』と言えるものがない世界」、それこそが「世界の本来の姿」であることを体験するということ。結局、ニーチェの哲学において一番重要なのは、「世界には固定された絶対的な価値観(神、常識、事実)は存在しない」ということを理屈としてではなく、「大いなる正午」という体験を通して理解することなんだ。

ちなみに、先生は、その「大いなる正午」の体験をしたことはあるんですか?

うーん、どうだろ。それがニーチェのいう「大いなる正午」だったのかはわからないけど、でも、一応、ハッとするような体験をしたことはあるかな。

参考までに教えてください。

ことの起こりは、本当に些細でなんてことのない日常の出来事だったんだけど……、高校生のとき、遅刻したクラスメイトが授業中にそーっと教室に入ってきたのが見つかって、先生にメチャクチャ怒られるということがあったんだ。

それはまさに日常的な出来事ですね。

で、そのとき、ふと思ったんだ。どうして先生は怒ったんだろうって。

え？　それは普通に、生徒が時間にルーズで、いい加減だから怒ったんじゃないですか？

普通に考えたらそうかもしれないけど、でも、その生徒は「倒れていた妊婦」を助けていたから遅れたのかもしれないよ。もしくは、「親の葬儀」があったけど、どうしても先生の授業が受けたくて無理に抜け出してきたから遅れたのかもしれない。

いや、さすがにそれはありえないような。

でも、可能性としてはゼロじゃない。もしかしたら、本当にそうかもしれないじゃないか。でも、それなのに先生はそれらの可能性を確かめようともしなかった。もし遅刻の理由がそれらであったなら、きっと怒らなかったはずなのに。じゃあ、なぜ先生は理由を聞かずに怒ったのか？　それはきっとその先生が、「どうせこいつは夜遅くまで遊んで寝坊して遅刻したに決まってる」という思い込み、そして「遅刻は悪いことだ」という価値観（常識）を持っていたからだと思うんだ。

まあ、それはそうでしょうね。

これは、僕が吃音症だったから、先生のそういう反応に特に敏感だったのかもしれない。僕にどんな身体的な事情が隠されているかも知らず、一般的な常識で判断して罵ったり見下したりしてくる人たちが多かったから……。で、先生のそういった行動をみて、僕はこう思ったんだ。「ああ、この先生は、『本当はどんな事情かもわからない』のに、自分が思い描きやすい構図、ラベルを勝手に貼り付けて世界を見ているんだな」と。でも、そう思ったあと、こんな思考も浮かんできた。「あれ？　でも、もしかしたら、この先生にも特別な事情があって、それでこんなに怒ってるのかもしれないぞ」と。

え、どんな事情ですか？

それはわからないけど、たとえば、先生はこの授業のあと、死のうと思っていて、これが先生の人生をかけた最後の授業だったからとか。

いやいや、それはさすがに無理があるような。

でも、可能性としてはゼロじゃないし、仮にそういう事情ではないにしても、何か事情があったかもしれないと考えることはできるはずだよ。ただまあ、いずれにせよ、先生にどんな事情があったとしても、それの「裏取り」はできない。つまり、「ホントウはどんな事情があったか」については「真実を知るすべ」なんてないんだけどね。

え、それは直接本人に事情を聞けばいいんじゃないですか？「なぜ怒ってるの？」とか。「なぜ遅刻したの？」とか。

でも、それでどんな答えが返ってきても、「またまた何か特別な事情があって相手がウソをついているかもしれない」という可能性は決して捨てきれない。それを考えたら、ぜんぜん裏取りになってないんだ。そして、このことは、たとえ第三者の証言であろうが、写真などの物的証拠であろうが同じ。何か特別な事情があって、第三者がウソをついてるかもしれないし、証拠が偽造されてるかもしれない。極端かもしれないけど、こうして疑おうと思えば疑える以上、「本当に確かな事情」を僕たちは絶対に知ることはできないんだ。と、ここまで考えたとき……、僕は突然、めまいにおそわれてしまう。そして、何もかもがわからなくなる不思議なあの景色を見たんだ。

人生が一変するような知識

それまで僕の目の前で行われていた「先生が遅刻した生徒を怒っている」という当たり前の日常。でも、その日常が突如として理解不能な景色へと変わってしまった。

だって、何もかもが疑えて、どんな事情も確証が得られないのだとしたら……、僕たちは、この目の前の景色を、いったいどのように読み解き、どんなラベルを貼って理解すれば良いのか？　つまるところ、

「先生」が「遅刻」した「生徒」を「怒っている」

という日常的な景色は、僕が社会的な価値観（常識）をもとに、世界に「ラベル」を貼り付けて作った、ただの解釈のひとつにすぎない。そして、これらの「ラベル」は、見たり触れたりできない架空のものであり、見ている側の勝手な押し付けであるのだから、当然、世界から引きはがすことができる。じゃあ、これらの「ラベル」――「先生」「遅刻」「生徒」「怒っている」――を外して世界を眺めてみたらどうなるか？　それは、もちろん、何がどうとも言えない「意味不明の景色」になるに決まっている。

それが……大いなる正午!?

どうだろうね。そうかもしれないし、違うかもしれない。ただ、とにかく僕は、目の前で起きている出来事の事情を「疑い続ける」ことによって、次のことをはっきりと体感することができたんだ。

・「○○が××している」という事実がまず先にあり、それを僕たちは認識している……のではなく、僕たち自身で勝手に生み出した「○○」や「××」などの「意味付け（ラベル）」がまず先にあり、それを僕たちが勝手に当てはめて世界を「解釈」しているにすぎない。

・また、僕たちは、「真の事情（真理）」について、いくらでも疑えるのだから、「絶対的に正しい事実」はもちろんのこと、「絶対的に正しい解釈（意味付け）」に到達することもできない。本来、世界とは、確実なことをいっさい知りえない不可知な存在であり、もっと不明瞭で不可思議で未知のものであったのだ。

世界とは、不可思議で未知のもの……。

うん。きっと、神さまのような「すべてを見渡せる万能の存在」の視点に立てば、世界は明瞭で、それこそ「絶対的な事実」があるのかもしれない。だが、ニーチェに言わせれば、それこそ「神は死んだ」のだ。「すべてを見渡せる万能の存在」も「絶対的な事実」も空想の産物でありどこにも存在しない。現実に存在するものは人間（実存）であり、その人間の視点に立つならば、世界とは、けっして「確実な事情」を把握することもできない曖昧模糊（あいまいもこ）としたものであり、むしろそれが「（人間にとっての）世界の本来の姿」だと言える。このことを僕は、さっきの体験を通じて思い知ったんだ。

なるほど。ではそれは、人生が一変するような知識になったのですか？

そうだね。つまるところ僕は、ニーチェの言う「世界に事実はない、すべては解釈だ」というほんの短い言葉を、はじめて理屈ではなく体験を通して理解できたわけだけど、それを境に、僕がずっと背負ってきた死にたいほどの不幸感、自分が惨めだという思い込み（架空の価値観）が消えたことを覚えている。結局、何十冊と本を読もうと、何万字という記号を頭の中に入れようと、ひとつの体験にはかなわないんだなと実感したよ。

生物本来の自然な欲求「力への意志」

貴重な体験談ありがとうございました。先生の具体例で、体験して理解することの大切さがわかったように思います。でも、実はひとつ疑問があるんですけど、その「大いなる正午」のような、すべての「価値」、すべての「意味付け」が消え去った世界を体験したあとって、どうやって人は生きていけばいいんでしょうか？　だって、景色が真っ白、つまり、すべてに価値や意味がない状態が「世界の本来の姿」だとしたら、何も目指すものがなくて、それはそれで困ってしまうと思うのですが。

ああ、なるほどね、その心配はあるよね。実のところ、ニーチェの「大いなる正午」って、仏教の「悟り」に似たところがあるんだけど、この「悟り」についても同じような疑問がよく昔から言われている。たとえば、「悟ったあとってどうなるんですか？　悟りを得て、すべての執着（欲望）が消えてしまったら、生への執着もなくなって生きていくこと自体が難しくなるんじゃないですか？」とか。

そうですそうです、まさにそんな感じです。「世界には、本来、固定された価値も意味もない」ということを知って、それを受け入れてしまったら、人間は何もやることがなくなって、ただボケッと立ち尽くすだけになってしまいそうな気がするのです。

その疑問についてニーチェは、「力への意志」があるから大丈夫だよと楽観的に考えている。

力への意志？　あ、どこかで出てきたキーワードですね。

超人思想の説明のところだね。ニーチェによれば、生き物は、必ず「常に自己の力を拡大させたい」という「力への意志」を持っており、それこそが生物本来の自然な欲求なのだとしている。とりあえずは、「力への意志＝より強く成長したいという想い＝生物本来の自然な欲求」という構図を頭に入れておくとわかりやすいと思う。

えーと、つまり、世界に価値や意味がないことを知っても、生物本来の欲求があるから大丈夫みたいな話ですか？

そうだね。ただ、その欲求（力への意志）は、けっして「お腹がすいたから食べたい」といった身体的な欲求の話ではなく、「今の自分を乗り越えて、より高みを目指したい」といった精神的な欲求のことを指していると思ってほしい。誤解をおそれずに言えば「でっかいことしたい！」「なんか面白いことしたい！」「メッチャ強くなりたい！」といった感じの「ノリ」だと思ってもらえばいいかもしれない。

「ノリ」ですか……。でも、その「ノリ」って、なんだか子供みたいな感じですね。

いや、それで合ってるよ。たとえば、子供って横断歩道を渡るときに、「白いとこだけ踏んで渡ろう」とかするよね。あれってようするに、「より華麗により美しく横断歩道を渡りたい！」という意志があるからやっているわけで、あれがまさに「力への意志」なんだ。

あ、ちょっとわかってきた気がします。横断歩道を渡るときって、どうやってもいいわけですよね。というか、どう渡ろうが、はっきり言ってどうでもいい。つまり、価値もないし、意味もない。

そう。そこをあえて、子供は「よし、白いとこだけ踏んで渡るぞ！」という価値（意味）を生み出したわけだよね。つまり、何の価値もない世界に自らの意志で価値を作り出し、その価値を積極的に楽しみながら生きているということ。実は、それこそがニーチェのいう本来の生き方であり、「無意味な世界を雄々しく生きる超人の生き方」なんだ。ちょっと、今までニーチェの哲学で出てきたキーワードごとに生き方をまとめてみよう。

末人：横断歩道を渡ることに何の意味もない。でも、渡らないとトラブルが起きるか

ら、しょうがない渡るか……。あー、早く渡り終わらないかな……。

奴隷：横断歩道をわたることには重要な価値と意味がある。大きく手を挙げて、周りをよくみて、すれ違う人には笑顔で挨拶して渡らなくてはならない！　そうしなければダメなんだ！

超人：白いとこだけ踏んで渡ろう！　よーし、せーの！　うわあーおしいなー！　よし、もう一回だ！

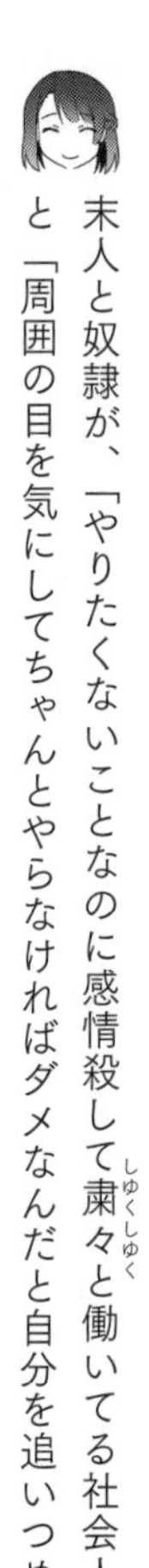

末人と奴隷が、「やりたくないことなのに感情殺して粛々（しゅくしゅく）と働いてる社会人」と「周囲の目を気にしてちゃんとやらなければダメなんだと自分を追いつめてる社会人」に思えて、うわあってなりますね。

そうだね。この横断歩道を渡る行為を「仕事」や「人間関係」や「人生そのもの」に置き換えてみるとわかりやすいかもしれない。

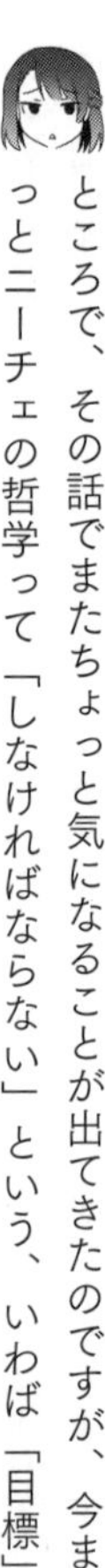

ところで、その話でまたちょっと気になることが出てきたのですが、今までずっとニーチェの哲学って「しなければならない」という、いわば「目標」「生

きる意味」「架空のニンジン」を否定してきたわけじゃないですか？　でも、今回、「力への意志」によって価値を生み出して生きていこうという新しい話が出てきましたが、それがまた不幸の原因になったりはしないのでしょうか？

まず、おさえるべきポイントとしては、なにもニーチェは、あらゆる価値や意味付けを否定しているわけではないということ。彼がずっと問題にしてきたのは、「伝統的な社会の慣習」とか「弱者の妬み（ルサンチマン）」とか、自分自身に由来しない価値観に無条件に従うことで、生が縮小したり（つまり、委縮してやりたいことをやらなかったり）、自分自身の生を否定したり（つまり、不幸になったり）してしまうことなんだ。だから、逆に、自分自身に由来する「自然本来の欲求から生じた価値観」を自分の意志で自覚的に採用したのであれば何も問題ない。むしろそれが「生を増大させる」ことにつながるとしたら、ニーチェ的には喜ばしいことだと言える。それにだよ、「力への意志」により生じた価値に基づく目標は、失敗しても不幸にはならないんだ。

え、そうなんですか？

たとえば、「美しいコップを作りたい」という人がいたとしよう。どうしてかわからないけど、とにかく、それがたまたま「彼の自然な欲求」であり、彼は無意味な世界の中で「美しいコップを作ること」を価値のあることだと選択したわけだ。で、そんな彼が、自分が満足できるコップを作れなかったとする。それはとても納得がいかず、悔しいことだろう。でも、だからと言って、「この世界から消えてしまいたい」と思うような、そういう種類の惨めさを感じるだろうか？

なるほど。悔しいとは思うかもしれませんが、たしかにそこまで惨めになったりはしなさそうですね。というか、そこまでツライなら、やめればいいだけの話でしょうし。

そうだね。ダメならダメで創意工夫するし、もしどうやっても本当にダメなら、それはそれで受け止めて素直に別のことをするよね。なにせ自分で選択したことで、やめるのも自由なのだから。これが逆に、自分で選択したことでもなく、やめる自由もなかったらどうだろう？

うーん、ちょっとシチュエーションを想像してみたのですが……。コップを作る「仕事」を「上司」から与えられて、でも「締切」までにできなくて、「客」に遅延を交渉しても受け入れてもらえず、それどころか、ここにきて「いやそんな色じゃない」「こういう形にしてほしい」「なんで前もって確認しなかった」とか、ごちゃごちゃ言われて、やばいやばいとなっても、誰もフォローしてくれなくて、でも生活があるから逃げられないし社内で「仕事ができないやつ」と思われたり「怒られる」のはすごくイヤで……と、うわっ、自分で想像して胃が痛くなってきました。

まさに、という感じの状況だね……。そんなコップ作りならどう考えても楽しめない。でも、これほどの不条理な状況で、自分で選択したわけでもないのに、案外、人って「自分が悪い」と思い込みがちなんだよね。

いや、もう、本当に。「仕事」「締切」「客」「上司」「会社」といった言葉（伝統的な価値観をもとに生み出された意味付け、ラベル）があるだけで、「責任

もって絶対やらなきゃダメなんだ」って思ってしまい、自分を追いつめてしまいそうです。

結局のところ、価値や意味そのものが悪いのではなく、社会や他人から押し付けられた価値や意味を、無自覚に「そうでなくてはならないんだ」と思い込み、自分の人生を縛りつけることが問題なんだ。だからこそ、ニーチェは、人間を追いつめ、束縛し、不幸にしている既存の価値や意味付けをすべて否定し、いったんゼロにしなければいけなかったんだよ。

では、力への意志……つまり「自分由来の自然な欲求」で、積極的に価値を作り出して世界に意味付け（ラベル付け）をすること自体は悪いことではないんですね。

芸術としての「力への意志」

ところで、先生にも、力への意志はあるわけですよね。それは具体的には、どんなものだったんですか？

そうだね。まず、ニーチェを知る前の僕は、とにかく恥をかかないように、なるべく大人しく人に好かれることだけを考えて生きてきた。でも、ニーチェに言わせれば、それは「奴隷道徳」だったんだよね。つまり、本当は、もっと自分を表に出したいという欲求があったのに、失敗するのが怖いから「大人しくしていることはよいことだ」という「ウソの価値観」を作って自分自身をごまかしていた。

まさに、奴隷道徳の説明どおりですね。

でも、ニーチェの哲学を知り、その「ウソの価値観」は打ち砕かれ、自分の内面をごまかすことなく見つめたところ、僕は、胸の奥底にわきあがってくる気持ちがあることに気づいたんだ。それは、「伝えたい」という想いだった。

伝えたい……。それは何かを言いたいとか、話したいということですか。

うん。さんざん言ってきたように、僕は、人と話せなかったわけだよね。というか、そもそも話す場を避けていたし、なるべく人とコミュニケーションをしないように行動してきた。それはもう、廊下の向こうから、友達が歩いてくるのを見かけたら引き返すぐらいに。でも、逆にだからこそ、僕の心の中には「何かを伝えたい、自分の考えを思いきり説明したい」という欲求がものすごくたまっていたんだと思う。

ところで、思春期の頃って、妄想というか、「都合のよい自分の姿」を想像して楽しむことってなかったかな？　たとえば、スポーツで活躍する自分を想像したりとか、ケンカで勝つ自分を想像したりとか。

ええ、ありましたね。私は「好きなアイドルから告白されてる自分」を想像してニヤニヤとかしてました。

うん。そこで何を想像するかは人それぞれでいろいろあると思うんだけど、僕の場合は、こんなことを誰かに言われている自分だった。

「飲茶くんの話って、わかりやすくて面白いね！　また聞きたい！」

こんなの、人によってはすごく些細なことに思えるかもしれない。けど、本当に僕はそういうことを一度でいいから言われてみたかったんだ。もし、それを誰かが言ってくれたら……、どれほど心地良いことか！　でも、もちろん、僕にはそれができなかった。話そうとしても、最初の一言目で笑われてしまうから……。

だから、そんな僕にできることは、次の二つしかなかった。

(1)「架空の価値観」を持ち込んで「(どうせできないし) 何もしない方がいい」と自分をごまかすこと。

(2)「架空の世界」の中でうまくやってる姿を思い浮かべて自分を慰めること。

いずれにせよ、何もしないで、人生が過ぎ去るのを待つという点においては同じ。もちろん、こんな生き方は間違っている。なぜなら、現実に「したい」という気持ちがあるのに、それから目をそむけて非現実の中で生きているからだ。それでは「生の充実感」が失われてしまい、まるで「同じ場所で草を嚙み続ける家畜」のようにどんどん意識がぼんやりとしていくだろう。ニーチェは、そういう生き方だけはやめろと、僕に強く訴えかけてきたんだ。

では、どう生きればいいか？ これはとても難しい問題だ。だって、前のように「しなければならないこと」が「できない」という話ではない。その場合は、「しなければならないなんて思い込みだよ！」という文脈で問題が解決できた。だが、今回は「したいこと」が「できない」という話なんだ。この「したい」は、現実のリアルな想い、力への意志であり、けっして目をそむけてはいけないものである。それなのに「できない」……。「伝えたい」という想いがあるのに、身体的な要因で言葉が出てこないんだ。こんな僕は、いったいどうすればよいのか!?

そのことについて、ニーチェはこんなヒントをくれた。

「芸術こそ至上である！　それは生きることを可能にする偉大なものなのだ！」

芸術。ニーチェの哲学において、「自己肯定」に並ぶ、もうひとつの最重要キーワード。不条理な人生を雄々しく生きていくには「肯定」だけではなく「芸術」も必要だとニーチェは言っている。そのことを知った僕は、自分の「伝えたい」という想い（力への意志）も、芸術にしてしまえばよいのだということに気づいたんだ。

芸術に？　どうしてそこにつながるんですか？

まず、ニーチェが言う「力への意志」とは、「より高みを目指したいという精神的な欲求」であるわけだけど、そもそも何かを「目指したい」ということは、当然、その精神にとって「よい、素晴らしい、美しい」と思えるものがあるということになるよね？

それはまあ、そうですね。「よい」と思えるものがあるからこそ、それを目指したいという気持ちが生まれるわけですから。

そう。そして、一方、芸術って何かと言えば、「自分にとって『よい、素晴らしい、美しい』と思うものを目指してそれを表現する行為」のことだと言える。さて、だとするると、力への意志と芸術は、とても深くつながっていることにならないかな？

えーと……、あ、わかってきました。つまり、こういう構図ですよね。

「力への意志＝自分にとって『よいもの』を目指したいという精神的な欲求」
「芸術＝自分にとって『よいもの』を目指してそれを表現する行為」

こうして並べると、たしかに力への意志と芸術ってとても関係性がある……っていうか、完全につながってますね。

そうだね。実際、ニーチェ自身も、この二つの関わりについてはたくさんの言葉を残しているし、同じ黒哲学者のハイデガーも『芸術としての力への意志』などの本の中で両者の関係について深く述べていたりする。とりあえずは、「力への意志（より優れたものを目指したいという欲求）」を具体的に現実化する行為が「芸術」だと考えてもらえばよいと思う。

生を肯定して楽しみながら生きる

さて、力への意志と芸術には、もうひとつ似ているところがあって、前に、力への意志は失敗しても不幸にならないという話をしたと思うけど、実は芸術もそうなんだ。もっと言えば、芸術は、うまくいこうが失敗しようがどうでもよく、結果を問わないものなんだ。

え、芸術って失敗してもいいんですか？

うん。これは、さっきの「楽しみながら横断歩道を渡る子供の話」を思い出してもらえばわかると思う。横断歩道の白いとこだけを踏んで、より華麗に、ファンタスティックに道を渡ろうという子供の行為……。これは、その子供が「自分にとって美しい、面白い、チャレンジングだと思うもの」、すなわち自分の「美意識」を表現しようとして生み出された行為であるわけだから、一種のアート、芸術であると言える。

なるほど。そう言われてみれば、たしかに芸術っぽいですね。

で、アキホちゃんも同意すると思うけど、この行為自体に意味はないし、結果なんてどうでもいい。たとえ失敗したからってその子が気に病んだりなんかしないよね。そんなことより大事なのは「彼が、したい（美しい、面白い）と思うことを自分なりに追求し、その行為を心から楽しんだ」ということ。つまり、現実として**「彼の生が高揚（充実）したこと」**が重要なんだ。

さて、この話を踏まえれば、「したいこと」が「できない」……、の「できない」という問題は解決する。なぜなら、「したいこと」を芸術として捉えるなら、もはや「できるかどうか」は関係なく、とにかくただ「したいこと」をまっすぐに目指し、生を高揚させられれば、それでよいということになるからだ。だから、僕の「伝えたい」も、ごまかしたり、空想で慰めたり、うまくできるかを気に病んだりするんじゃなく、「芸術」に昇華して人生を楽しめばよかったんだ。

でも、「したいこと」が「伝えたい」だと、相手がいるわけですから、楽しむ

ってなかなか難しかったりしませんか？

いや、そうでもない。実際、それからの僕は、自分の中からわきおこる情熱（力への意志）のまま、「わかりやすくて面白い説明」すなわち「芸術」を生み出すことを生きがいにするようになったんだけど、たとえ言葉が出なかったり、相手が聞いてくれなくても全然かまわなかった。だって、自分なりに「面白い」「わかりやすい」と思うものを作り出す行為に真剣に向き合うだけで十分に楽しかったから。

もちろん、それは他人からすれば、孤独で惨めな行為に見えるかもしれない。でも、それでいい。芸術ってそういうもの。陶芸家がひたすら自分が美しいと思うコップを山奥で作り続けるように……、子供が画用紙に好きな絵を夢中で描いて楽しむように……、数学者が何の役にも立たない数式の証明に全人生を費やして挑み続けるように……、僕もひたすら「わかりやすい、美しい、面白い」と思う説明を楽しみながら作り続ければいいんだ。

一応、その後、幸いにも作家になれた僕は、こうして発表の場を得たわけだけど、別になれなくてもよかったと思っている。それはあくまでも結果であって、大事なのは、「自分が美しい、面白いと思うもの」を「今この瞬間」において感じとり、それを表現することを楽しみながら生きることであるからだ。

もちろん、ダルくて何もしたくないときもある。特に、一冊本を書き終えたときなんか本当にそう。

でも、そんなときでも何もしたくない自分を肯定して、「何もしたくない、というこの瞬間の過ごし方」を芸術としてとらえ、生を楽しむんだ。

だから、今の僕は、本当に幸せだと思っている。こんなふうに考えられるようになってからは毎日がとても楽しくなった。そして、やっと僕は自分で自分の人生に満足できるようになったんだ。

……ねえ、アキホちゃん、でもこれって、よく考えたらとてもすごいことじゃないだろうか。だって、それまでの僕は、死にたいくらいツラくて惨めで、人前で恥をかくのが怖くて震えながら生きていた人間だったんだよ。それが、こんな僕でも、自分の呪われた実存を受け入れ、前向きに生きられるようになれた！　ニーチェの本に出会うことで、自分の人生を肯定し、もう一度同じ人生を繰り返してもかまわない、そう思えるまでになれたんだ！

今まで人類に贈られた贈り物のなかでこれ以上の贈り物があっただろうか！

……。

さて……、僕から言えることはぜんぶ言い尽くしたかな。ニーチェの哲学の面白さが、少しでもアキホちゃんに伝えられてたらいいな。

それは、もちろん、十分に伝わりましたよ！　本当にいろいろなことを話してくれてありがとうございました。私も、ニーチェから大切な贈り物をいただいた気分です。なにより先生の説明がわかりやすくて面白くて、もう一度最初から聞きたいぐらいです。

気をつかってくれてありがとう（笑）。でも、その言葉で僕も十分救われたよ。

いえ、ホントに、ホントに。おかげさまで、私も、この呪われた人生を受け入れて前向きに生きることができそうです。

よかった。じゃあ、これでニーチェの哲学の説明を終わりにしたいと思います！

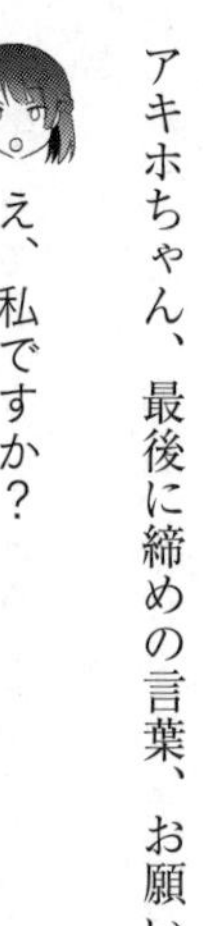

アキホちゃん、最後に締めの言葉、お願いしてもいいかな。

え、私ですか？

お願いします。

わかりました。えーと、

みなさん、ここまで読んでくれてありがとうございました。ページをめくるごとに決められたとおりの受け答えをするだけの、私のお仕事はこれでおしまいです。架空の存在である私は、このページを最後に消えてなくなりますが……、この本を手に取っているあなたは、現実の存在、「実存」です。どうかそのことをけっして忘れないでください。

世の中には、「愛」や「夢」や「仕事」や「恋愛」、――「私たちの心をとらえて離さない美しい本質的な言葉（意味、ラベル）」――がたくさんあります。

でも、それよりもなによりも――「あなたが今ここに、現実に存在するということ」――、それこそがこの世でもっとも大事なことであり、すべての出発点であることをどうか忘れないでください。

きっとあなたの頭の中には、それまで社会から押し付けられてきた価値観（常識）がたくさんつまっていることでしょう。しかし、あなたの実存をないがしろにする価値観は、それがどんなに正しく見えようとすべて間違いです。

また、あなたの「幸福」、そして、充実した人生をおくるうえで必要な「情熱（力への意志）」は、未来にも過去にもなく、またあなたの頭の中にもありません。それは「今この瞬間」という現実の中にあり、リアルに感じとるものであることを忘れないでください。

だからどうか、この本を閉じたあと、ほんの三分でかまいません。本をつかんでいる指の感覚、床を踏みしめている足の裏の感覚、息が通り抜けていく呼吸の感覚……それら「今この瞬間に起きている現実」を味わって生きてみてください。そして、次々と起こる現実の不条理な出来事をまっすぐに受け止めて自らの意志で「肯定」して生きてみてください。

それでも、もし道に迷ってしまったときは……、ページをめくってまた私に会いに来てくださいね。何度でも、身にしみるまで、ニーチェの哲学を一緒に学びましょう。

そして、私自身、こうしてニーチェの哲学をあなたと一緒に学べたことはとても幸運でした。どのような不条理で呪われた人生であっても、現実から目をそらさず「これが自分の人生なのだ」と向き合い、自らの意志で、その生を肯定してしっかりと生きていく。そういう前向きな生き方が私にもできるのだと、最後に気づけて本当によかった！

ああ、ニーチェの哲学とはこういうものだったのですね！

ならば、よし、もう一度！

どうか、あなたにもあなたの昼が訪れますように……。

第五章のポイント

★ 実存哲学の核心は、**「あなたという現実存在**（実存）**を、ないがしろにする非現実な価値観の正体を暴きたて破壊すること」**にある。

★ 人間は誰しも**「力への意志**（より優れたものを目指したいという想い）**」**を持っており、それを芸術に昇華させることが**「幸福」**にいたる道である。

★ 障がいや不条理な現実に苦しむすべての人々が、みな自分なりの楽しみ（芸術）を見つけて、他人の顔色をうかがわず、幸福に生きられますように！　そして、あなたにもニーチェの贈り物が届きますように！

本書は二〇一七年一二月、株式会社水王舎より刊行された『飲茶の「最強!」のニーチェ』を加筆・修正のうえ改題し、文庫化したものです。

「最強！」のニーチェ入門

幸福になる哲学

二〇二〇年一一月二〇日　初版発行
二〇二四年一二月三〇日　4刷発行

著　者　飲茶

発行者　小野寺優
発行所　株式会社河出書房新社
〒一六二－八五四四
東京都新宿区東五軒町二－一三
電話〇三－三四〇四－八六一一（編集）
〇三－三四〇四－一二〇一（営業）
https://www.kawade.co.jp/

ロゴ・表紙デザイン　粟津潔
本文フォーマット　佐々木暁
印刷・製本　中央精版印刷株式会社

Printed in Japan　ISBN978-4-309-41777-6

史上最強の哲学入門

飲茶　41413-3

最高の真理を求めた男たちの熱き闘い！　ソクラテス・デカルト・ニーチェ・サルトル…さらなる高みを目指し、知を闘わせてきた32人の哲学者たちの論が激突。まさに「史上最強」の哲学入門書！

史上最強の哲学入門　東洋の哲人たち

飲茶　41481-2

最高の真理を求める男たちの闘い第２ラウンド！　古代インド哲学から釈迦、孔子、孟子、老子、荘子、そして日本の禅まで東洋の“知”がここに集結。真理（結論）は体験によってのみ得られる！

14歳からの哲学入門

飲茶　41673-1

「なんで人殺しはいけないの？」。厨二全開の斜に構えた「極端で幼稚な発想」。だが、この十四歳の頃に迎える感性で偉大な哲学者たちの論を見直せば、難解な思想の本質が見えてくる！

生きるための哲学

岡田尊司　41488-1

生きづらさを抱えるすべての人へ贈る、心の処方箋。学問としての哲学ではなく、現実の苦難を生き抜くための哲学を、著者自身の豊富な臨床経験を通して描き出した名著を文庫化。

集中講義 これが哲学！ いまを生き抜く思考のレッスン

西研　41048-7

「どう生きたらよいのか」――先の見えない時代、いまこそ哲学にできることがある！　単に知識を得るだけでなく、一人ひとりが哲学するやり方とセンスを磨ける、日常を生き抜くための哲学入門講義。

哲学の練習問題

西研　41184-2

哲学するとはどういうことか――。生きることを根っこから考えるためのＱ＆Ａ。難しい言葉を使わない、けれども本格的な哲学へ読者をいざなう。深く考えるヒントとなる哲学イラストも多数。

自分はバカかもしれないと思ったときに読む本

竹内薫　41371-6

バカがいるのではない、バカはつくられるのだ！　人気サイエンス作家が、バカをこじらせないための秘訣を伝授。学生にも社会人にも効果テキメン！　カタいアタマをときほぐす、やわらか思考問題付き。

大丈夫！　キミならできる！

松岡修造　41461-4

「ポジティブ勘違い、バンザイ！」「『ビリ』はトップだ！」「カメ、ナイストライ！」勝負を挑むときや何かに躓いたとき…人生の岐路に立たされたときに勇気が湧いてくる、松岡修造の熱い応援メッセージ！

本を読むということ

永江朗　41421-8

探さなくていい、バラバラにしていい、忘れていい、歯磨きしながら読んでもいい……本読みのプロが、本とうまく付き合い、手なずけるコツを大公開。すべての本好きとその予備軍に送る「本・入門」。

世界一やさしい精神科の本

斎藤環／山登敬之　41287-0

ひきこもり、発達障害、トラウマ、拒食症、うつ……心のケアの第一歩に、悩み相談の手引きに、そしてなにより、自分自身を知るために——。一家に一冊、はじめての「使える精神医学」。

哲学とは何か

G·ドゥルーズ／F·ガタリ　財津理〔訳〕　46375-9

ドゥルーズ＝ガタリ最後の共著。内在平面―概念的人物―哲学地理によって哲学を総括し、哲学―科学―芸術の連関を明らかにする。限りなき生成／創造へと思考を開く絶後の名著。

神さまってなに？

森達也　41509-3

宗教とは火のようなもの。時に人を温めるが、時に焼き殺すこともある——現代社会で私たちは宗教とどのように対峙できるのか？　宗教の誕生した瞬間から現代のかたちを通じて、その可能性を探る。

学校では教えてくれないお金の話

金子哲雄　41247-4

独特のマネー理論とユニークなキャラクターで愛された流通ジャーナリスト・金子哲雄氏による「お金」に関する一冊。夢を叶えるためにも必要なお金の知識を、身近な例を取り上げながら分かりやすく説明。

学歴入門

橘木俊詔　41589-5

学歴はそれでも必要なのか？　学歴の成り立ちから現在の大学事情、男女別学と共学の差、世界の学歴事情まで、データを用いて幅広く論じる。複雑な現代を「学歴」に振り回されずに生きるための必読書。

オックスフォード&ケンブリッジ大学　世界一「考えさせられる」入試問題

ジョン・ファーンドン　小田島恒志／小田島則子〔訳〕　46455-8

世界トップ10に入る両校の入試問題はなぜ特別なのか。さあ、あなたならどう答える？　どうしたら合格できる？　難問奇問を選りすぐり、ユーモアあふれる解答例をつけたユニークな一冊！

オックスフォード&ケンブリッジ大学　さらに世界一「考えさせられる」入試問題

ジョン・ファーンドン　小田島恒志／小田島則子〔訳〕　46468-8

英国エリートたちの思考力を磨いてきた「さらに考えさせられる入試問題」。ビジネスにも役立つ、どこから読んでも面白い難問奇問、まだまだあります！

なぜ人を殺してはいけないのか？

永井均／小泉義之　40998-6

十四歳の中学生に「なぜ人を殺してはいけないの」と聞かれたら、何と答えますか？　日本を代表する二人の哲学者がこの難問に挑んで徹底討議。対話と論考で火花を散らす。文庫版のための書き下ろし原稿収録。

道徳は復讐である　ニーチェのルサンチマンの哲学

永井均　40992-4

ニーチェが「道徳上の奴隷一揆」と呼んだルサンチマンとは何か？　それは道徳的に「復讐」を行う装置である。人気哲学者が、通俗的ニーチェ解釈を覆し、その真の価値を明らかにする！

偽善のトリセツ

パオロ・マッツァリーノ　41660-1

愛は地球を救わない？　でも、「偽善」は誰かを救えるかもよ⁉　人は皆、偽善者。大切なのは、動機や気持ちではなく、結果である。倫理学と社会学から迫る、誰も知らない偽善の真実。

適当教典

高田純次　40849-1

老若男女の悩みを純次流に超テキトーに回答する日本一役に立たない（？）人生相談本！　ファンの間で“幻の名（迷）著”と誉れ高い『人生教典』の改題文庫化。

私が語り伝えたかったこと

河合隼雄　41517-8

これだけは残しておきたい、弱った心をなんとかし、問題だらけの現代社会に生きていく処方箋を。臨床心理学の第一人者・河合先生の、心の育み方を伝えるエッセイ、講演。インタビュー。没後十年。

心理学化する社会

斎藤環　40942-9

あらゆる社会現象が心理学・精神医学の言葉で説明される「社会の心理学化」。精神科臨床のみならず、大衆文化から事件報道に至るまで、同時多発的に生じたこの潮流の深層に潜む時代精神を鮮やかに分析。

おとなの小論文教室。

山田ズーニー　40946-7

「おとなの小論文教室。」は、自分の頭で考え、自分の想いを、自分の言葉で表現したいという人に、「考える」機会と勇気、小さな技術を提出する、全く新しい読み物。「ほぼ日」連載時から話題のコラム集。

おとなの進路教室。

山田ズーニー　41143-9

特効薬ではありません。でも、自分の考えを引き出すのによく効きます！　自分らしい進路を切り拓くにはどうしたらいいか？　「ほぼ日」人気コラム「おとなの小論文教室。」から生まれたリアルなコラム集。

ペンギンが教えてくれた物理のはなし

渡辺佑基　41760-8

ペンギン、アザラシ、アホウドリ……計り知れない世界を生きる動物に記録機器を付ける「バイオロギング」が明かす驚きの姿とは？　第68回毎日出版文化賞受賞作。若き生物学者、圧巻のフィールドワーク！

すごい物理学講義

カルロ・ロヴェッリ　竹内薫監／栗原俊秀〔訳〕　46705-4

わたしたちは、こんな驚きの世界に生きている！　これほどわかりやすく、これほど感動的に物理のたどった道と最前線をあらわした本はなかった！最新物理のループ量子重力理論まで。

すごい物理学入門

カルロ・ロヴェッリ　竹内薫監／関口英子〔訳〕　46723-8

『すごい物理学講義』や『時間は存在しない』で世界的にベストセラーを誇る天才物理学者ロヴェッリの最初の邦訳書、ついに文庫化。難解な物理学の全容を世界一わかりやすく説明した名著。

科学を生きる

湯川秀樹　池内了〔編〕　41372-3

“物理学界の詩人”とうたわれ、平易な言葉で自然の姿から現代物理学の物質観までを詩情豊かに綴った湯川秀樹。「詩と科学」「思考とイメージ」など文人の素質にあふれた魅力を堪能できる28篇を収録。

宇宙と人間　七つのなぞ

湯川秀樹　41280-1

宇宙、生命、物質、人間の心などに関する「なぞ」は古来、人々を惹きつけてやまない。本書は日本初のノーベル賞物理学者である著者が、人類の壮大なテーマを平易に語る。科学への真摯な情熱が伝わる名著。

14歳からの宇宙論

佐藤勝彦　益田ミリ〔マンガ〕　41700-4

アインシュタインの宇宙モデル、ブラックホール、暗黒エネルギー、超弦理論、100兆年後の未来……138億年を一足飛びに知る宇宙入門の決定版。益田ミリによる漫画「138億年の向こうへ」も収録！

著訳者名の後の数字はISBNコードです。頭に「978-4-309」を付け、お近くの書店にてご注文下さい。